心一堂術數古籍珍本叢刊

書名：《蔣氏易盤圖解》《蔣氏秘要立成》《辨正溫氏續解》《張清湛地理正宗》合刊
系列：心一堂術數古籍珍本叢刊　堪輿類　無常派玄空珍秘　第三輯　333
作者：【清】溫明遠、【清】賈步緯、【清】張清湛
主編、責任編輯：陳劍聰
心一堂術數古籍珍本叢刊編校小組：陳劍聰　素聞　鄒偉才　虛白盧主　丁鑫華

出版：心一堂有限公司
通訊地址：香港九龍旺角彌敦道六一〇號荷李活商業中心十八樓〇五—〇六室
深港讀者服務中心：中國深圳市羅湖區立新路六號羅湖商業大廈負一層〇〇八室
電話號碼：(852)9027-7110
網址：publish.sunyata.cc
電郵：sunyatabook@gmail.com
網店：http://book.sunyata.cc
淘寶店地址：https://sunyata.taobao.com
微店地址：https://weidian.com/s/1212826297
臉書：https://www.facebook.com/sunyatabook
讀者論壇：http://bbs.sunyata.cc/

版次：二零二零年十二月初版
平裝

定價：港幣　四百八十八元正
　　　新台幣　一仟九百八十八元正

國際書號：ISBN 978-988-8583-62-1

香港發行：香港聯合書刊物流有限公司
地址：香港新界荃灣德士古道二二〇—二四八號荃灣工業中心十六樓
電話號碼：(852)2150-2100
傳真號碼：(852)2407-3062
電郵：info@suplogistics.com.hk
網址：http://www.suplogistics.com.hk

台灣發行：秀威資訊科技股份有限公司
地址：台灣台北市內湖區瑞光路七十六巷六十五號一樓
電話號碼：+886-2-2796-3638
傳真號碼：+886-2-2796-1377
網絡書店：www.bodbooks.com.tw
台灣秀威書店讀者服務中心：
地址：台灣台北市中山區松江路二〇九號一樓
電話號碼：+886-2-2518-0207
傳真號碼：+886-2-2518-0778
網絡書店：http://www.govbooks.com.tw

中國大陸發行　零售：深圳心一堂文化傳播有限公司
深圳地址：深圳市羅湖區立新路六號羅湖商業大廈負一層〇〇八室
電話號碼：(86)0755-82224934

心一堂微店二維碼

心一堂淘寶店二維碼

心一堂術數古籍 珍本 整理 叢刊 總序

術數定義

術數，大概可謂以「推算（推演）、預測人（個人、群體、國家等）、事、物、自然現象、時間、空間方位等規律及氣數，並或通過種種『方術』，從而達致趨吉避凶或某種特定目的」之知識體系和方法。

術數類別

我國術數的內容類別，歷代不盡相同，例如《漢書・藝文志》中載，漢代術數有六類：天文、曆譜、五行、蓍龜、雜占、形法。至清代《四庫全書》，術數類則有：數學、占候、相宅相墓、占卜、命書、相書、陰陽五行、雜技術等，其他如《後漢書・方術部》、《藝文類聚・方術部》、《太平御覽・方術部》等，對於術數的分類，皆有差異。古代多把天文、曆譜、及部分數學均歸入術數類，而民間流行亦視傳統醫學作為術數的一環；此外，有些術數與宗教中的方術亦往往難以分開。現代民間則常將各種術數歸納為五大類別：命、卜、相、醫、山，通稱「五術」。

本叢刊在《四庫全書》的分類基礎上，將術數分為九大類別：占筮、星命、相術、堪輿、選擇、三式、讖緯、理數（陰陽五行）、雜術（其他）。而未收天文、曆譜、算術、宗教方術、醫學。

術數思想與發展——從術到學，乃至合道

我國術數是由上古的占星、卜筮、形法等術發展下來的。其中卜筮之術，是歷經夏商周三代而通過「龜卜、蓍筮」得出卜（筮）辭的一種預測（吉凶成敗）術，之後歸納並結集成書，此即現傳之《易

經》。經過春秋戰國至秦漢之際，受到當時諸子百家的影響、儒家的推崇，遂有《易傳》等的出現，原本是卜筮術書的《易經》，被提升及解讀成有包涵「天地之道（理）」之學。因此，《易・繫辭傳》曰：「易與天地準，故能彌綸天地之道。」

漢代以後，易學中的陰陽學說，與五行、九宮、干支、氣運、災變、律曆、卦氣、讖緯、天人感應說等相結合，形成易學中象數系統。而其他原與《易經》本來沒有關係的術數，如占星、形法、選擇，亦漸漸以易理（象數學說）為依歸。《四庫全書・易類小序》云：「術數之興，多在秦漢以後。要其旨，不出乎陰陽五行，生尅制化。實皆《易》之支派，傳以雜說耳。」至此，術數可謂已由「術」發展成「學」。

及至宋代，術數理論與理學中的河圖洛書、太極圖、邵雍先天之學及皇極經世等學說給合，通過術數以演繹理學中「天地中有一太極，萬物中各有一太極」（《朱子語類》）的思想。術數理論不單已發展至十分成熟，而且也從其學理中衍生一些新的方法或理論，如《梅花易數》、《河洛理數》等。

在傳統上，術數功能往往不止於僅僅作為趨吉避凶的方術，及「能彌綸天地之道」的學問，亦有其「修心養性」的功能，「與道合一」（修道）的內涵。《素問・上古天真論》：「上古之人，其知道者，法於陰陽，和於術數。」數之意義，不單是外在的算數、歷數、氣數，而是與理學中同等的「道」、「理」——心性的功能，北宋理氣家邵雍對此多有發揮：「聖人之心，是亦數也」、「萬化萬事生乎心」、「心為太極」。《觀物外篇》：「先天之學，心法也。……蓋天地萬物之理，盡在其中矣，心一而不分，則能應萬物。」反過來說，宋代的術數理論，受到當時理學、佛道及宋易影響，認為心性本質上是等同天地之太極。天地萬物氣數規律，能通過內觀自心而有所感知，即是內心也已具備有術數的推演及預測、感知能力；相傳是邵雍所創之《梅花易數》，便是在這樣的背景下誕生。

《易・文言傳》已有「積善之家，必有餘慶；積不善之家，必有餘殃」之說，至漢代流行的災變說及讖緯說，我國數千年來都認為天災，異常天象（自然現象），皆與一國或一地的施政者失德有關；下至家族、個人之盛衰，也都與一族一人之德行修養有關。因此，我國術數中除了吉凶盛衰理數之外，人心的德行修養，也是趨吉避凶的一個關鍵因素。

術數與宗教、修道

在這種思想之下，我國術數不單只是附屬於巫術或宗教行為的方術，又往往是一種宗教的修煉手段--通過術數，以知陰陽，乃至合陰陽（道）。「其知道者，法於陰陽，和於術數。」例如，「奇門遁甲」術中，即分為「術奇門」與「法奇門」兩大類。「法奇門」中有大量道教中符籙、手印、存想、內煉的內容，是道教內丹外法的一種重要外法修煉體系。甚至在雷法一系的修煉上，亦大量應用了術數內容。此外，相術、堪輿術中也有修煉望氣（氣的形狀、顏色）的方法；堪輿家除了選擇陰陽宅之吉凶外，也有道教中選擇適合修道環境（法、財、侶、地中的地）的方法，以至通過堪輿術觀察天地山川陰陽之氣，亦成為領悟陰陽金丹大道的一途。

易學體系以外的術數與的少數民族的術數

我國術數中，也有不用或不全用易理作為其理論依據的，如揚雄的《太玄》、司馬光的《潛虛》。也有一些占卜法、雜術不屬於《易經》系統，不過對後世影響較少而已。

外來宗教及少數民族中也有不少雖受漢文化影響（如陰陽、五行、二十八宿等學說。）但仍自成系統的術數，如古代的西夏、突厥、吐魯番等占卜及星占術，藏族中有多種藏傳佛教占卜術、苯教占卜術、擇吉術、推命術、相術等；北方少數民族有薩滿教占卜術；不少少數民族如水族、白族、布朗族、佤族、彝族、苗族等，皆有占雞（卦）草卜、雞蛋卜等術，納西族的占星術、占卜術，彝族畢摩的推命術、占卜術……等等，都是屬於《易經》體系以外的術數。相對上，外國傳入的術數以及其理論，對我國術數影響更大。

曆法、推步術與外來術數的影響

我國的術數與曆法的關係非常緊密。早期的術數中，很多是利用星宿或星宿組合的位置（如某星在某州或某宮某度）付予某種吉凶意義，并據之以推演，例如歲星（木星）、月將（某月太陽所躔之宮次）等。不過，由於不同的古代曆法推步的誤差及歲差的問題，若干年後，其術數所用之星辰的位置，已與真實星辰的位置不一樣了；此如歲星（木星），早期的曆法及術數以十二年為一周期（以應地支），與木星真實周期十一點八六年，每幾十年便錯一宮。後來術家又設一「太歲」的假想星體來解決，是歲星運行的相反，週期亦剛好是十二年。而術數中的神煞，很多即是根據太歲的位置而定。又如六壬術中的「月將」，原是立春節氣後太陽躔娵訾之次而稱作「登明亥將」，至宋代，因歲差的關係，要到雨水節氣後太陽才躔娵訾之次，當時沈括提出了修正，但明清時六壬術中「月將」仍然沿用宋代沈括修正的起法沒有再修正。

由於以真實星象周期的推步術是非常繁複，而且古代星象推步術本身亦有不少誤差，大多數術數除依曆書保留了太陽（節氣）、太陰（月相）的簡單宮次計算外，漸漸形成根據干支、日月等的各自起例，以起出其他具有不同含義的眾多假想星象及神煞系統。唐宋以後，我國絕大部分術數都主要沿用這一系統，也出現了不少完全脫離真實星象的術數，如《子平術》、《紫微斗數》、《鐵版神數》等。後來就連一些利用真實星辰位置的術數，如《七政四餘術》及選擇法中的《天星選擇》，也已與假想星象及神煞混合而使用了。

隨着古代外國曆（推步）、術數的傳入，如唐代傳入的印度曆法及術數，元代傳入的回回曆等，其中我國占星術便吸收了印度占星術中羅睺星、計都星等而形成四餘星，又通過阿拉伯占星術而吸收了其中來自希臘、巴比倫占星術的黃道十二宮、四大（四元素）學說（地、水、火、風），並與我國傳統的二十八宿、五行說、神煞系統並存而形成《七政四餘術》。此外，一些術數中的北斗星名，不用我國傳統的星名：天樞、天璇、天璣、天權、玉衡、開陽、搖光，而是使用來自印度梵文所譯的：貪狼、巨門、祿存、文曲，廉貞、武曲、破軍等，此明顯是受到唐代從印度傳入的曆法及占星術所影響。如星命術中的《紫微斗數》及堪輿術中的《撼龍經》等文獻中，其星皆用印度譯名。及至清初《時憲曆》，置閏之法則改用西法「定氣」。清代以後的術數，又作過不少的調整。

此外，我國相術中的面相術、手相術，唐宋之際受印度相術影響頗大，至民國初年，又通過翻譯歐西、日本的相術書籍而大量吸收歐西相術的內容，形成了現代我國坊間流行的新式相術。

陰陽學——術數在古代、官方管理及外國的影響

術數在古代社會中一直扮演着一個非常重要的角色，影響層面不單只是某一階層、某一職業、某一年齡的人，而是上自帝王，下至普通百姓，從出生到死亡，不論是生活上的小事如洗髮、出行等，大事如建房、入伙、出兵等，從個人、家族以至國家，從天文、氣象、地理到人事、軍事，從民俗、學術到宗教，都離不開術數的應用。我國最晚在唐代開始，已把以上術數之學，稱作陰陽（學），行術數者稱陰陽人。（敦煌文書、斯四三二七唐《師師漫語話》：「以下說陰陽人謾語話」，此說法後來傳入日本，今日本人稱行術數者為「陰陽師」）。一直到了清末，欽天監中負責陰陽術數的官員中，以及民間術數之士，仍名陰陽生。

古代政府的中欽天監（司天監），除了負責天文、曆法、輿地之外，亦精通其他如星占、選擇、堪輿等術數，除在皇室人員及朝庭中應用外，也定期頒行日書、修定術數，使民間對於天文、日曆用事吉凶及使用其他術數時，有所依從。

我國古代政府對官方及民間陰陽學及陰陽官員，從其內容、人員的選拔、培訓、認證、考核、律法監管等，都有制度。至明清兩代，其制度更為完善、嚴格。

宋代官學之中，課程中已有陰陽學及其考試的內容。（宋徽宗崇寧三年〔一一零四年〕崇寧算學令：「諸學生習……並曆算、三式、天文書。」「諸試……三式即射覆及預占三日陰陽風雨。天文即預

定一月或一季分野災祥，並以依經備草合問為通。」

金代司天臺，從民間「草澤人」（即民間習術數人士）考試選拔：「其試之制，以《宣明曆》試推步，及《婚書》、《地理新書》試合婚、安葬，並《易》筮法，六壬課、三命、五星之術。」（《金史》卷五十一・志第三十二・選舉一）

元代為進一步加強官方陰陽學對民間的影響、管理、控制及培育，除沿襲宋代、金代在司天監掌管陰陽學及中央的官學陰陽學課程之外，更在地方上增設陰陽學課程（《元史・選舉志一》：「世祖至元二十八年夏六月始置諸路陰陽學。」）地方上也設陰陽學教授員，培育及管轄地方陰陽人。（《元史・選舉志一》：「（元仁宗）延祐初，令陰陽人依儒醫例，於路、府、州設教授員，凡陰陽人皆管轄之，而上屬於太史焉。」）自此，民間的陰陽術士（陰陽人），被納入官方的管轄之下。

至明清兩代，陰陽學制度更為完善。中央欽天監掌管陰陽學，明代地方縣設陰陽學正術，各州設陰陽學典術，各縣設陰陽學訓術。陰陽人從地方陰陽學肄業或被選拔出來後，再送到欽天監考試。（《大明會典》卷二二三：「凡天下府州縣舉到陰陽人堪任正術等官者，俱從吏部送（欽天監），考中，送回選用；不中者發回原籍為民，原保官吏治罪。」）清代大致沿用明制，凡陰陽術數之流，悉歸中央欽天監及地方陰陽官員管理、培訓、認證。至今尚有「紹興府陰陽印」、「東光縣陰陽學記」等明代銅印，及某某縣某某之清代陰陽執照等傳世。

清代欽天監漏刻科對官員要求甚為嚴格。《大清會典》「國子監」規定：「凡算學之教，設肄業生。滿洲十有二人，蒙古、漢軍各六人，於各旗官學內考取。漢十有二人，於舉人、貢監生童內考取。附學生二十四人，由欽天監選送。教以天文演算法諸書，五年學業有成，舉人引見以欽天監博士用，貢監生童以天文生補用。」學生在官學肄業、貢監生肄業或考得舉人後，經過了五年對天文、算法、陰陽學的學習，其中精通陰陽術數者，會送往漏刻科。而在欽天監供職的官員，《大清會典則例》「欽天監」規定：「本監官生三年考核一次，術業精通者，保題升用。不及者，停其升轉，再加學習。如能黽勉供職，即予開復。仍不及者，降職一等，再令學習三年，能習熟者，准予開復，仍不能者，黜退。」除定期考核以定其升用降職外，《大清律例》中對陰陽術士不準確的推斷（妄言禍福）是要治罪的。《大清律例・一七八・術七・妄言禍福》：「凡陰陽術士，不許於大小文武官員之家妄言禍福，違者杖一百。其依經推算星命卜課，不在禁限。」大小文武官員延請的陰陽術士，自然是以欽天監漏刻科官員或地方陰陽官員為主。

官方陰陽學制度也影響鄰國如朝鮮、日本、越南等地，一直到了民國時期，鄰國仍然沿用着我國的多種術數。而我國的漢族術數，在古代甚至影響遍及西夏、突厥、吐蕃、阿拉伯、印度、東南亞諸國。

術數研究

術數在我國古代社會雖然影響深遠，「是傳統中國理念中的一門科學，從傳統的陰陽、五行、九宮、八卦、河圖、洛書等觀念作大自然的研究。……傳統中國的天文學、數學、煉丹術等，要到上世紀中葉始受世界學者肯定。可是，術數還未受到應得的注意。術數在傳統中國科技史、思想史，文化史、社會史，甚至軍事史都有一定的影響。……更進一步了解術數，我們將更能了解中國歷史的全貌。」（何丙郁《術數、天文與醫學中國科技史的新視野》，香港城市大學中國文化中心。）

可是術數至今一直不受正統學界所重視，加上術家藏秘自珍，又揚言天機不可洩漏，「（術數）乃吾國科學與哲學融貫而成一種學說，數千年來傳衍嬗變，或隱或現，全賴一二有心人為之繼續維繫，賴以不絕，其中確有學術上研究之價值，非徒癡人說夢，荒誕不經之謂也。其所以至今不能在科學中成立一種地位者，實有數因。蓋古代士大夫階級目醫卜星相為九流之學，多恥道之；而發明諸大師又故為惝恍迷離之辭，以待後人探索；間有一二賢者有所發明，亦秘莫如深，既恐洩天地之秘，復恐譏為旁門左道，始終不肯公開研究，成立一有系統說明之書籍，貽之後世。故居今日而欲研究此種學術，實一極困難之事。」（民國徐樂吾《子平真詮評註》，方重審序）

現存的術數古籍，除極少數是唐、宋、元的版本外，絕大多數是明、清兩代的版本。其內容也主要是明、清兩代流行的術數，唐宋或以前的術數及其書籍，大部分均已失傳，只能從史料記載、出土文獻、敦煌遺書中稍窺一鱗半爪。

術數版本

坊間術數古籍版本，大多是晚清書坊之翻刻本及民國書賈之重排本，其中豕亥魚魯，或任意增刪，往往文意全非，以至不能卒讀。現今不論是術數愛好者，還是民俗、史學、社會、文化、版本等學術研究者，要想得一常見術數書籍的善本、原版，已經非常困難，更遑論如稿本、鈔本、孤本等珍稀版本。在文獻不足及缺乏善本的情況下，要想對術數的源流、理法、及其影響，作全面深入的研究，幾不可能。

有見及此，本叢刊編校小組經多年努力及多方協助，在海內外搜羅了二十世紀六十年代以前漢文為主的術數類善本、珍本、鈔本、孤本、稿本、批校本等數百種，精選出其中最佳版本，分別輯入兩個系列：

一、心一堂術數古籍珍本叢刊

二、心一堂術數古籍整理叢刊

前者以最新數碼（數位）技術清理、修復珍本原本的版面，更正明顯的錯訛，部分善本更以原色彩色精印，務求更勝原本。并以每百多種珍本、一百二十冊為一輯，分輯出版，以饗讀者。

後者延請、稿約有關專家、學者，以善本、珍本等作底本，參以其他版本，古籍進行審定、校勘、注釋，務求打造一最善版本，方便現代人閱讀、理解、研究等之用。

限於編校小組的水平，版本選擇及考證、文字修正、提要內容等方面，恐有疏漏及舛誤之處，懇請方家不吝指正。

心一堂術數古籍 珍本/整理 叢刊編校小組

二零零九年七月序

二零一四年九月第三次修訂

序

太史遷曰黃帝考定星曆建立五行起消息正閏餘於是天神地祇物類有官各司其序故生民災害不生所求不匱盛聖人明之言而遺其麤常人昧昧由而莫之覺罔辨宣夜之說雖言者鑿鑿而推測不審毫釐千里五角六張貽患不淺今之選擇家每宗福建通書固其便於諏吉無如坊本訛舛又魯魚亥豕罔可折衷南滙賈君步緯邃於數學因蒐討羣籍輯

為便用通書大旨本諸協紀辨方逐日臚列援徵休咎宜忌如觀指上螺紋洵於若時逢吉之義不失圭黍其精微直窮溟滓通乎天神地祇消息五行亭毒庶品為功於世道豈有量哉近惟宣城梅氏最精算學今賈君充山諳力不獨與梅氏頡頏當必更有著述以自成一家之言與書特其嚆矢也爰樂為之序

咸豐十年歲次庚申二月初吉權蘇松太觀察使者

泠吳煦識於申江官舍

南滙賈君步緯京師同文館算學教習李壬叔先生之高足也夙精天算並西法微分積分橢圓地動諸術靡不畢究西士精此者如偉烈亞力艾約瑟傅蘭雅諸君莫不折服同治中前兵備道馮君竹儒總辦製造局務時延請繙譯航海通書以應南北洋兵輪測量經緯之用又輯算學十種及躔離交食引蒙等書簡捷易明最便初學誠能啟天算之機緘錫後進以圭臬也公餘之暇與其子文浩推算便用通書行世歲出一帙所載每

日宜用諸事悉折衷於
欽頒時憲書其忌用者補所未備遇日月交食依書中
時刻測候歷驗不爽官民便之前兵備道吳君曉帆序
弁簡端備極詳審余官海上兼司考工創設天文館請
貫君教授諸生用廣心傳風雨深譚尤有相知之雅爲
序數言使覽是書者知其梗概焉光緒丁酉夏日
欽命二品頂戴蘇松太兵備道監督江南海關兼辦
機器製造局務湘鄉劉麒祥撰

蔣氏三元地理秘要用易盤先天六十四卦配洛書數分運圖解

按天元歌云同八卦如何配洛書大數先天矩又云四正四隅分順逆父母二卦顛倒輪何等明白曉暢又玉尺辨偽云夫吉凶之理莫精於易易六十四卦各有其吉各有其凶八卦六十四卦之父也可見秘訣仍不出文字外昔學者尋不到耳道光間得海鹽張氏作辨正蔣的蔣公心法無出其右者躍心篇云尤恨堪輿種種書時師慣押趨河吾豈知書假

乾兌離震巽坎艮坤上爻持世為一運

壯睽革妄升蒙蹇觀四爻持世為二運

需中夬頤過訟小晉游魂卦為三運

畜臨家屯鼎解遯萃二爻持世為四運

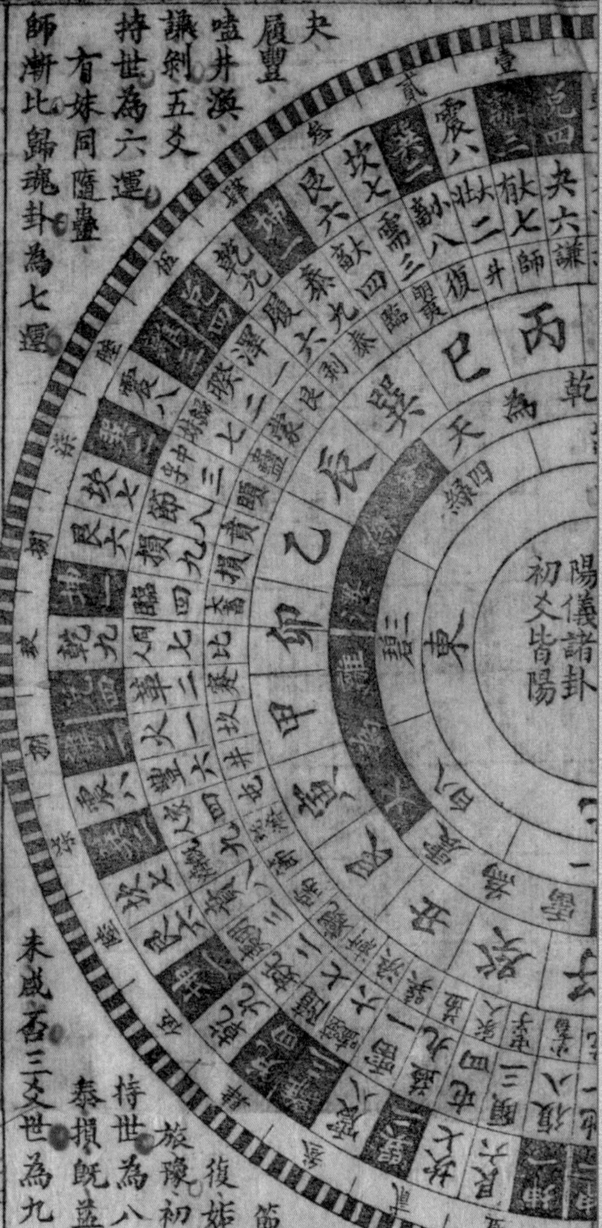

夬
履豐
噬井渙
謙剝五爻
持世為六運
有妹同隨蠱
師漸比歸魂卦為七運

畜
節賁
復姤困
旅豫初爻
持世為八運
泰損既益恒
未咸否三爻世為九運

不真誤殺人家親骨血有等聰明伶俐人翻盡經書覆盡穴病入膏肓無處醫縱然弄巧反成拙一朝得授明師訣悟到庖犧一畫天地書累百惟此最靈餘詳辨正疏

考指南針造自磁鐵其性恒向電極與天元子午向不同用針不可不知今取外洋儀器屢測日星知本地指南針偏於日晷正午之東三度圖中依法改正其差又隨地各異遠處必另測向盤須用外洋製造者其針力大而易準吉凶禍福間不容髮若用中國製造者萬不及一矣此條蔣公所未備爰滙貫步緯補述

上元甲午年增刊

九星定位圖

二黑坤	九紫離	四綠巽
七赤兌	五黃中	三碧震
六白乾	一白坎	八白艮

甲子乙丑丙寅丁卯戊辰己巳庚午辛未壬申
癸酉甲戌乙亥丙子丁丑戊寅己卯庚辰辛巳
壬午癸未甲申乙酉丙戌丁亥戊子己丑庚寅
辛卯壬辰癸巳甲午乙未丙申丁酉戊戌己亥
庚子辛丑壬寅癸卯甲辰乙巳丙午丁未戊申
己酉庚戌辛亥壬子癸丑甲寅乙卯丙辰丁巳
戊午己未庚申辛酉壬戌癸亥

同治三年上元甲子起一白入中宮二黑飛到乾三碧到兌四彔到艮五黃到離六白到坎七赤到坤八白到震九紫到巽上圖癸酉壬午等年飛白圖以下各年在上元六十年內者九星順用上元局

三元年九星順飛各方定局

上元	一白	二黑	三碧	四綠	五黃	六白	七赤	八白	九紫
中元	四綠	五黃	六白	七赤	八白	九紫	一白	二黑	三碧
下元	七赤	八白	九紫	一白	二黑	三碧	四綠	五黃	六白

中	乾	兌	艮	離	坎	坤	震	巽
乾	兌	艮	離	坎	坤	震	巽	中
兌	艮	離	坎	坤	震	巽	中	乾
艮	離	坎	坤	震	巽	中	乾	兌
離	坎	坤	震	巽	中	乾	兌	艮
坎	坤	震	巽	中	乾	兌	艮	離
坤	震	巽	中	乾	兌	艮	離	坎
震	巽	中	乾	兌	艮	離	坎	坤
巽	中	乾	兌	艮	離	坎	坤	震

九星定局上

湖海山房

月九星與時九星掛局

子午卯酉日	辰戌丑未日	寅申巳亥日	一白	二黑	三碧	四綠	五黃	六白	七赤	八白	九紫	子午卯酉年	辰戌丑未年	寅申巳亥年
冬	至	後	時	白	順	飛	各	方	間	月	白			
子酉	午時	卯時	中	乾	兌	艮	離	坎	坤	震	巽	八月	五月	二十一
丑戌	未時	辰時	巽	中	乾	兌	艮	離	坎	坤	震	七月	四月	正十
寅亥	申時	巳時	震	巽	中	乾	兌	艮	離	坎	坤	六月	三十二	九月
卯時	酉子	午時	坤	震	巽	中	乾	兌	艮	離	坎	五月	二十一	八月
辰時	戌丑	未時	坎	坤	震	巽	中	乾	兌	艮	離	四月	正十	七月
巳時	亥寅	申時	離	坎	坤	震	巽	中	乾	兌	艮	三十二	九月	六月
午時	卯時	酉子	艮	離	坎	坤	震	巽	中	乾	兌	二十一	八月	五月
未時	辰時	戌丑	兌	艮	離	坎	坤	震	巽	中	乾	正十	七月	四月
申時	巳時	亥寅	乾	兌	艮	離	坎	坤	震	巽	中	九月	六月	三十二
夏至後	時白逆	飛看下	九紫	八白	七赤	六白	五黃	四綠	三碧	二黑	一白	正月十月八白入中宮	正月十月五黃入中宮	正月十月二黑入中宮
如冬至後時白	順飛用上之月	九星子午卯酉	日子酉卯俱一	白入中宮二黑	到乾餘類推	夏至後時白逆	飛用下之九星	如辰戌丑未日	子酉時六白入	中宮五黃到乾	四綠到兌之類			

冬至到夏至半年節日九星順飛各方定局

元	節氣	節氣	節氣	節氣									
上元	冬至	小寒	大寒	立春	一白	二黑	三碧	四綠	五黃	六白	七赤	八白	九紫
中元	雨水	驚蟄	春分	清明	七赤	八白	九紫	一白	二黑	三碧	四綠	五黃	六白
下元	穀雨	立夏	小滿	芒種	四綠	五黃	六白	七赤	八白	九紫	一白	二黑	三碧

甲子	癸酉	壬午	辛卯	庚子	己酉	戊午	中	乾	兌	艮	離	坎	坤	震	巽
乙丑	甲戌	癸未	壬辰	辛丑	庚戌	己未	巽	中	乾	兌	艮	離	坎	坤	震
丙寅	乙亥	甲申	癸巳	壬寅	辛亥	庚申	震	巽	中	乾	兌	艮	離	坎	坤
丁卯	丙子	乙酉	甲午	癸卯	壬子	辛酉	坤	震	巽	中	乾	兌	艮	離	坎
戊辰	丁丑	丙戌	乙未	甲辰	癸丑	壬戌	坎	坤	震	巽	中	乾	兌	艮	離
己巳	戊寅	丁亥	丙申	乙巳	甲寅	癸亥	離	坎	坤	震	巽	中	乾	兌	艮
庚午	己卯	戊子	丁酉	丙午	乙卯		艮	離	坎	坤	震	巽	中	乾	兌
辛未	庚辰	己丑	戊戌	丁未	丙辰		兌	艮	離	坎	坤	震	巽	中	乾
壬申	辛巳	庚寅	己亥	戊申	丁巳		乾	兌	艮	離	坎	坤	震	巽	中

假如冬至後檢從丙寅日求日九星飛到則四綠到震宮五黃到巽六白入中宮七赤九星中一白六白八白九紫飛到之方出行移徙修方動土俱吉餘方平內中五黃三殺到之方為凶尤最忌修方動土抵向等事

夏至到冬至半年日九星逆飛各方定局

夏至 小暑 大暑 立秋	九紫（上元）	八白	七赤	六白	五黃	四綠	三碧	二黑	一白
處暑 白露 秋分 寒露	三碧（中元）	二黑	一白	九紫	八白	七赤	六白	五黃	四綠
霜降 立冬 小雪 大雪	六白（下元）	五黃	四綠	三碧	二黑	一白	九紫	八白	七赤

甲子乙丑丙寅丁卯戊辰己巳庚午辛未壬申　假如秋分後
癸酉甲戌乙亥丙子丁丑戊寅己卯庚辰辛巳　丙子日求日
壬午癸未甲申乙酉丙戌丁亥戊子己丑庚寅　九星到方則
辛卯壬辰癸巳甲午乙未丙申丁酉戊戌己亥　三碧到艮逆
庚子辛丑壬寅癸卯甲辰乙巳丙午丁未戊申　飛二黑到兌
己酉庚戌辛亥壬子癸丑甲寅乙卯丙辰丁巳　一白到乾九
戊午己未庚申辛酉壬戌癸亥　紫入中宮八
中乾兌艮離坎坤震巽　白到巽七赤
巽中乾兌艮離坎坤震　到震六白到
震巽中乾兌艮離坎坤　坤五黃到坎
坤震巽中乾兌艮離坎　四綠到離須
坎坤震巽中乾兌艮離　排年月日時
離坎坤震巽中乾兌艮　四圖照宮俱
艮離坎坤震巽中乾兌　到之方乃為
兌艮離坎坤震巽中乾　上吉凡遇皆
乾兌艮離坎坤震巽中　宜趨之

蔣氏挨星秘要能解者皆出錫山道光初章氏作辨正直解雖知其奧仍秘而不宣繼有華氏天星正運圖的是蔣氏不傳之秘惜其圖詳而說太略學地者尚難入門近有温君明遠作續解闡明章氏未解之蘊將辨正逐節發揮其秘悉露誠一大快事也考其起例以乾坤艮巽配子午卯酉爲天元卦卽卦之中氣爲父母以甲庚壬丙配辰戌丑未爲地元卦與父母陰陽不同故爲逆子以乙辛丁癸配寅申巳亥爲人元卦陰陽與父母同故爲順子二十四山向只作八卦而飛卽飛白圖也因惜紙費易圖爲表用表之法將當元之星入初表首行爲中宮之坐盤不問陰陽皆順飛九星如一白運看坐盤之壬子癸横查走盤飛來者爲戌乾亥故下表一白運內列壬山六丙向五入中宮出于初表也戌爲陰故逆行乾亥爲陽故順行如二黑運坐盤是未坤申走盤飛來者爲丑艮寅丑爲陰逆艮寅爲陽順之類原書順逆表向未發明今特悟出如遇中五飛來不用中五之陰陽要照坐盤上山向之陰陽分順逆也下表每運三字分列三行如首行地元卦只飛來地元八方中行天元卦只飛來

天元八方末行人元卦亦飛人元八方合之一運二十四山向皆備其陽順陰逆地元獨用天人兩元合用九運定局皆照此類推吉凶禍福並詳温氏續觧庶不再錄

當運之星入第一行爲中宮不論陰陽皆順飛

九宮元運		上元			中元			下元		
		一白	二黑	三碧	四綠	五黃	六白	七赤	八白	九紫
八卦正五行	山向順逆	壬子癸	未坤申	甲卯乙	辰巽巳	戊中己	戌乾亥	庚酉辛	丑艮寅	丙午丁
水	壬	戌 逆	庚 順	丑 逆	丙 順	壬 順	未 逆	甲 順	辰 逆	戊 順
	子癸	乾亥 順	酉辛 逆	艮寅 順	午丁 逆	子癸 逆	坤申 順	卯乙 逆	巽巳 順	中己 逆
土	丑	辰 逆	己 逆	戌 逆	庚 順	丑 逆	丙 順	壬 順	未 逆	甲 順
	艮寅	巽巳 順	中戊 順	乾亥 順	酉辛 逆	艮寅 順	午丁 逆	子癸 逆	坤申 順	卯乙 逆
木	甲	丑 逆	丙 順	壬 順	未 逆	甲 順	辰 逆	戊 順	戌 逆	庚 順
	卯乙	艮寅 順	午丁 逆	子癸 逆	坤申 順	卯乙 逆	巽巳 順	中己 逆	乾亥 順	酉辛 逆
木	辰	丙 順	壬 順	未 逆	甲 順	辰 逆	己 逆	戌 逆	庚 順	丑 逆
	巽巳	午丁 逆	子癸 逆	坤申 順	卯乙 逆	巽巳 順	中戊 順	乾亥 順	酉辛 逆	艮寅 順
火	丙	戊 順	戌 逆	庚 順	丑 逆	丙 順	壬 順	未 逆	甲 順	辰 逆
	午丁	中己 逆	乾亥 順	酉辛 逆	艮寅 順	午丁 逆	子癸 逆	坤申 順	卯乙 逆	巽巳 順
土	未	庚 順	丑 逆	丙 順	壬 順	未 逆	甲 順	辰 逆	己 逆	戌 逆
	坤申	酉辛 逆	艮寅 順	午丁 逆	子癸 逆	坤申 順	卯乙 逆	巽巳 順	中戊 順	乾亥 順
金	庚	甲 順	辰 逆	戊 順	戌 逆	庚 順	丑 逆	丙 順	壬 順	未 逆
	酉辛	卯乙 逆	巽巳 順	中己 逆	乾亥 順	酉辛 逆	艮寅 順	午丁 逆	子癸 逆	坤申 順
金	戌	未 逆	甲 順	辰 逆	己 逆	戌 逆	庚 順	丑 逆	丙 順	壬 順
	乾亥	坤申 順	卯乙 逆	巽巳 順	中戊 順	乾亥 順	酉辛 逆	艮寅 順	午丁 逆	子癸 逆

山	壬子癸 山六入中	丑艮寅 山四	甲卯乙 山八	辰巽巳 山九	丙午丁 山五	未坤申 山七	庚酉辛 山三	戌乾亥 山二
向	丙午丁 向五入中	未坤申 向七	庚酉辛 向三	戌乾亥 向二	壬子癸 向六	丑艮寅 向四	甲卯乙 向八	辰巽巳 向九

上元一白運挨星定局

壬	一 一	八 三	三 八	五 六	一 一	三 八	八 三	六 五
子癸	二 九	九 二	四 七	四 七	九 二	二 九	七 四	七 四
丑	三 八	一 一	五 六	三 八	八 三	一 一	六 五	八 三
艮寅	九 二	七 四	二 九	六 五	二 九	四 七	九 二	五 六
甲	八 三	六 五	一 一	七 四	三 八	五 六	一 一	四 七
乙卯	四 七	二 九	六 五	二 九	七 四	九 二	五 六	九 二
辰	七 四	五 六	九 二	八 三	四 七	六 五	二 九	三 八
巽巳	五 六	三 八	七 四	一 一	六 五	八 三	四 七	一 一
丙	二 九	九 二	四 七	四 七	九 二	二 九	七 四	七 四
丁午	一 一	八 三	三 八	五 六	一 一	三 八	八 三	六 五
未	九 二	七 四	二 九	六 五	二 九	四 七	九 二	五 六
坤申	三 八	一 一	五 六	三 八	八 三	一 一	六 五	八 三
庚	四 七	二 九	六 五	二 九	七 四	九 二	五 六	九 二
辛酉	八 三	六 五	一 一	七 四	三 八	五 六	一 一	四 七
戌	五 六	三 八	七 四	一 一	六 五	八 三	四 七	一 一
乾亥	七 四	五 六	九 二	八 三	四 七	六 五	二 九	三 八

上元二黑運挨星定局

	壬子癸	丑艮寅	甲卯乙	辰巽巳	丙午丁	未坤申	庚酉辛	戌乾亥
山	山七 中入	山五	山九	山一	山六	山八	山四	山三
	丙午丁	未坤申	庚酉辛	戌乾亥	壬子癸	丑艮寅	甲卯乙	辰巽巳
向	向六 中入	向八	向四	向三	向七	向五	向九	向一
壬	三一	九三	五八	六八	一三	三九	八五	八六
子癸	二二	一四	四九	五七	二二	四一	九四	七五
丑	一三	二五	三一	四六	三一	五二	一三	六四
艮寅	四九	八二	六七	七九	九四	二八	七六	九七
甲	五八	七一	七六	八一	八五	一七	六七	一八
卯乙	九四	三六	二二	三五	四九	六三	二二	五三
辰	六七	六九	八五	九二	七六	九六	五八	二九
巽巳	八五	四七	一三	二四	五八	七四	三一	四二
丙	三三	一四	四九	五七	三三	四一	九四	七五
午丁	三一	九三	五八	六八	一三	三九	八五	八六
未	四九	八二	六七	七九	九四	二八	七六	九七
坤申	一三	二五	三一	四六	三一	五二	一三	六四
庚	九四	三六	三二	三五	四九	六三	三二	五三
酉辛	五八	七一	七六	八一	八五	一七	六七	一八
戌	八五	四七	一三	二四	五八	七四	三一	四二
乾亥	六七	六九	八五	九二	七六	九六	五八	二九

上元三碧運挨星定局

	壬子癸山八入中 丙午丁向七入中	丑艮寅山六 未坤申向九	甲卯乙山一 庚酉辛向五	辰巽巳山二 戌乾亥向四	丙午丁山七 壬子癸向八	未坤申山九 丑艮寅向六	庚酉辛山五 甲卯乙向一	戌乾亥山四 辰巽巳向二
壬	三三	一五	六一	六八	三三	五一	一六	八六
子癸	四二	二四	五九	七九	二四	四二	九五	九七
丑	五一	三三	四八	八一	一五	三三	八四	一八
艮寅	二四	九六	七二	五七	四二	六九	二七	七五
甲	一五	八七	八三	四六	五一	七八	三八	六四
卯乙	六九	四二	三七	九二	九六	二四	七三	二九
辰	九六	七八	九四	三五	六九	八七	四九	五三
巽巳	七八	五一	二六	二三	八七	一五	六二	三二
丙	四二	二四	五九	七九	二四	四二	九五	九七
午丁	三三	一五	六一	六八	三三	五一	一六	八六
未	二四	九六	七二	五七	四二	六九	二七	七五
坤申	五一	三三	四八	八一	一五	三三	八四	一八
庚	六九	四二	三七	九二	九六	二四	七三	二九
酉辛	一五	八七	八三	四六	五一	七八	三八	六四
戌	七八	五一	二六	一三	八七	一五	六二	三一
乾亥	九六	七八	九四	三五	六九	八七	四九	五三

中元四綠運挨星定局

山	壬子癸山九中入	丑艮寅山七	甲卯乙山二	辰巽巳山三	丙午丁山八	未坤申山一	庚酉辛山六	戌乾亥山五
向	丙午丁向八中入	未坤申向一	庚酉辛向六	戌乾亥向五	壬子癸向九	丑艮寅向七	甲卯乙向二	辰巽巳向三
壬	五三	三六	六一	八九	三五	六三	一六	九八
子癸	四四	二五	七二	七一	四四	五二	二七	一七
丑	三五	一四	八三	六二	五三	四一	三八	二六
艮寅	六二	四七	五九	九八	二六	七四	九五	八九
甲	七一	五八	四八	一七	一七	八五	八四	七一
卯乙	二六	九三	九四	五三	六二	三九	四九	三五
辰	八九	六九	三七	二六	九八	九六	七三	六二
巽巳	一七	八二	一五	四四	七一	二八	五一	四四
丙	四四	二五	七二	七一	四四	五二	二七	一七
午丁	五三	三六	六一	八九	三五	六三	一六	九八
未	六二	四七	五九	九八	二六	七四	九五	八九
坤申	三五	一四	八三	六二	五三	四一	三八	二六
庚	二六	九三	九四	五三	六二	三九	四九	三五
酉辛	七一	五八	四八	一七	一七	八五	八四	七一
戌	一七	八二	一五	四四	七一	二八	五一	四四
乾亥	八九	六九	三七	二六	九八	九六	七三	六二

中元五黃運挨星定局

壬子癸 山一 中入	丑艮寅 山八	甲卯乙 山三	辰巽巳 山四	丙午丁 山九	未坤申 山二	庚酉辛 山七	戌乾亥 山六
丙午丁 向九 中入	未坤申 向二	庚酉辛 向七	戌乾亥 向六	壬子癸 向一	丑艮寅 向八	甲卯乙 向三	辰巽巳 向四

	山一	山八	山三	山四	山九	山二	山七	山六
壬	六五	三六	八三	八一	五六	六三	三八	一八
子癸	五四	四七	七二	九二	四五	七四	二七	二九
丑	四三	五八	六一	一三	三四	八五	一六	三一
艮寅	七六	二五	九四	七九	六七	五二	四九	九七
甲	八七	一四	一五	六八	七八	四一	五一	八六
卯乙	三二	六九	五九	二四	二三	九六	九五	四二
辰	九八	九三	二六	五七	八九	三九	六二	七五
巽巳	二一	七一	四八	三五	一二	一七	八四	五三
丙	五四	四七	七二	九二	四五	七四	二七	二九
午丁	六五	三六	八三	八一	五六	六三	三八	一八
未	七六	二五	九四	七九	六七	五二	四九	九七
坤申	四三	五八	六一	一三	三四	八五	一六	三一
庚	三二	六九	五九	二四	二三	九六	九五	四二
酉辛	八七	一四	一五	六八	七八	四一	五一	八六
戌	二一	七一	四八	三五	一二	一七	八四	五三
乾亥	九八	九三	二六	五七	八九	三九	六二	七五

中元六白運挨星定局

山	壬子癸 山二 中入	丑艮寅 山九	甲卯乙 山四	辰巽巳 山五	丙午丁 山一	未坤申 山三	庚酉辛 山八	戌乾亥 山七
向	丙午丁 向一 中入	未坤申 向三	庚酉辛 向八	戌乾亥 向七	壬子癸 向二	丑艮寅 向九	甲卯乙 向四	辰巽巳 向五
壬	六六	五八	八三	九三	六六	八五	三八	三九
子癸	七五	四七	九四	一二	五七	七四	四九	二一
丑	八四	三六	一五	二一	四八	六三	五一	一二
艮寅	五七	六九	七二	八四	七五	九六	二七	四八
甲	四八	七一	六一	七五	八四	一七	一六	五七
卯乙	九三	二五	二六	三九	三九	五二	六二	九三
辰	三九	八二	五九	六六	九三	一八	九五	六六
巽巳	一二	一四	三七	四八	二一	四一	七三	八四
丙	七五	四七	九四	一二	五七	七四	四九	二一
午丁	六六	五八	八三	九三	六六	八五	三八	三九
未	五七	六九	七二	八四	七五	九六	二七	四八
坤申	八四	三六	一五	二一	四八	六三	五一	一二
庚	九三	二五	二六	三九	三九	五二	六二	九三
酉辛	四八	七一	六一	七五	八四	一七	一六	五七
戌	一二	一四	三七	四八	二一	四一	七三	八四
乾亥	三九	八二	五九	六六	九三	二八	九五	六六

蔣氏秘要立成

下元七赤運挨星定局

壬子癸 山三入中	丙午丁 向二入中	壬 八六	子癸 七七	丑 六八	艮寅 九五	甲 一四	卯乙 五九	辰 二三	巽巳 四一	丙 七七	午丁 八六	未 九五	坤申 六八	庚 五九	酉辛 一四	戌 四一	乾亥 二三
丑艮寅 山一	未坤申 向四	壬 六八	子癸 五九	丑 四一	艮寅 七七	甲 八六	卯乙 三二	辰 九五	巽巳 二三	丙 五九	午丁 六八	未 七七	坤申 四一	庚 三二	酉辛 八六	戌 二三	乾亥 九五
甲卯乙 山五	庚酉辛 向九	壬 一五	子癸 九四	丑 八三	艮寅 二六	甲 三七	卯乙 七二	辰 四八	巽巳 六一	丙 九四	午丁 一五	未 二六	坤申 八三	庚 七二	酉辛 三七	戌 六一	乾亥 四八
辰巽巳 山六	戌乾亥 向八	壬 一三	子癸 二四	丑 三五	艮寅 九二	甲 八一	卯乙 四六	辰 七九	巽巳 五七	丙 二四	午丁 一三	未 九二	坤申 三五	庚 四六	酉辛 八一	戌 五七	乾亥 七九
丙午丁 山二	壬子癸 向三	壬 六八	子癸 七七	丑 八六	艮寅 五九	甲 四一	卯乙 九五	辰 三二	巽巳 一四	丙 七七	午丁 六八	未 五九	坤申 八六	庚 九五	酉辛 四一	戌 一四	乾亥 三二
未坤申 山四	丑艮寅 向一	壬 八六	子癸 九五	丑 一四	艮寅 七七	甲 六八	卯乙 二三	辰 五九	巽巳 三二	丙 九五	午丁 八六	未 七七	坤申 一四	庚 二三	酉辛 六八	戌 三二	乾亥 五九
庚酉辛 山九	甲卯乙 向五	壬 五一	子癸 四九	丑 三八	艮寅 六二	甲 七三	卯乙 二七	辰 八四	巽巳 一六	丙 四九	午丁 五一	未 六二	坤申 三八	庚 二七	酉辛 七三	戌 一六	乾亥 八四
戌乾亥 山八	辰巽巳 向六	壬 三一	子癸 四二	丑 五三	艮寅 二九	甲 一八	卯乙 六四	辰 九七	巽巳 七五	丙 四二	午丁 三一	未 二九	坤申 五三	庚 六四	酉辛 一八	戌 七五	乾亥 九七

下元八白運挨星定局

	壬子癸山四入中 丙午丁向三入中	丑艮寅山二 未坤申向五	甲卯乙山六 庚酉辛向一	辰巽巳山七 戌乾亥向九	丙午丁山三 壬子癸向四	未坤申山五 丑艮寅向二	庚酉辛山一 甲卯乙向六	戌乾亥山九 辰巽巳向七
壬	八八	六九	一六	三五	八八	九六	六一	五三
子癸	九七	七一	二五	二四	七九	一七	五二	四二
丑	二六	八二	三四	一三	六一	二八	四三	三一
艮寅	七九	五八	九七	四六	九七	八五	七九	六四
甲	六一	四七	八八	五七	一六	七四	八八	七五
卯乙	二五	九三	四三	九二	五二	三九	三四	二九
辰	五二	三六	七九	六八	二五	六三	九七	八六
巽巳	三四	一四	五二	八一	四三	四一	二五	一八
丙	九七	七一	三五	二四	七九	一七	五二	四二
午丁	八八	六九	一六	三五	八八	九六	六一	五三
未	七九	五八	九七	四六	九七	八五	七九	六四
坤申	一六	八二	三四	一三	六一	二八	四三	三一
庚	二五	九三	四三	九二	五二	三九	三四	二九
酉辛	六二	四七	八八	五七	一六	七四	八八	七五
戌	三四	一四	五二	八一	四三	四一	二五	一八
乾亥	五二	三六	七九	六八	二五	六三	九七	八六

下元九紫運挨星定局

壬子癸山五中入	丙午丁向四中入	壬一八丑八一甲三六辰四五丙九九未二七庚七二戌六三	子癸九九艮寅二七卯乙七二巽巳六三午丁一八坤申八一酉辛三六乾亥四五
丑艮寅山三	未坤申向六	壬八一丑六三甲一八辰二七丙七二未九六庚五四戌四五	子癸七二艮寅九九卯乙五四巽巳四五午丁八一坤申六三酉辛一八乾亥二七
甲卯乙山七	庚酉辛向二	壬三六丑一八甲五四辰六三丙二七未四五庚九九戌八一	子癸二七艮寅四五卯乙九九巽巳八一午丁三六坤申一八酉辛五四乾亥六三
辰巽巳山八	戌乾亥向一	壬三六丑五四甲一八辰九九丙四五未二七庚六三戌七二	子[illegible]四五艮寅二七卯乙六三巽巳七二午丁三六坤申五四酉辛一八乾亥九九
丙午丁山四	壬子癸向五	壬[illegible]一[illegible]一八甲六三辰五四丙九九未七二庚二七戌三六	子癸九九艮寅七二卯乙二七巽巳三六午丁八一坤申一八酉辛六三乾亥五四
未坤申山六	丑艮寅向三	壬一八丑三六甲八一辰七二丙二七未九九庚四五戌五四	子[illegible]二七艮寅九九卯乙四五巽巳五四午丁一八坤申三六酉辛八一乾亥七二
庚酉辛山二	甲卯乙向七	壬六三丑六一甲四五辰三六丙七三未五四庚九九戌一八	子癸七二艮寅五四卯乙九九巽巳一八午丁六三坤申八一酉辛四五乾亥三六
戌乾亥山一	辰巽巳向八	壬六三丑四五甲八一辰九九丙五四未七二庚三六戌二七	子癸五四艮寅七三卯乙三六巽巳二七午丁六三坤申四五酉辛八一乾亥九九

山向挨到飛星正五行相見生克表

上一字在內爲山上挨星爲主
下一字在外爲向上挨星爲賓

生入上吉	一六	一七	二九	三一	四一	五九	六二	六五	六八	七二	七五	七八	八九	九三	九四				
克入次吉	一二	一五	一八	二三	二四	三六	三七	四六	四七	五三	五四	六九	七九	八三	八四	九一			
比和中平	一一	二二	二五	二八	三三	三四	四三	四四	五二	五五	五八	六六	六七	七六	七七	八二	八五	八八	九九
生出次凶	一三	一四	二六	二七	三九	四九	五六	五七	六一	七一	八六	八七	九二	九五	九八				
克出大凶	一九	二一	三二	三五	三八	四二	四五	四八	五一	六三	六四	七三	七四	八一	九六	九七			

如山上挨星爲一白水遇向上挨星爲六白金一與六相見向上之金生山上之水爲生入上吉　如山挨星仍是一白水遇向上挨星爲二黑土一與二相見向上之土克山上之水爲克入次吉　如山上一白水遇向上挨星亦是一白水爲比和中平　如山上一白水遇向上挨星爲三碧木一與三相見山上之水生向上之木爲生出次凶　如山上一白水遇向上挨星爲九紫火一與九相見山上之水克向上之火大凶餘倣此　上元戊戌春心[illegible]誌

地理辨正溫氏續解馬序

地理之學理氣巒頭二者不可缺一舍巒頭專言理氣則易涉渺茫舍理氣篤講巒頭則難窺奧妙理氣無形領悟已深必驗之巒頭庶所學有據巒頭有形遊歷既久必證以理氣庶所見皆真此理氣與巒頭相因而成有氣即有形有形亦即有氣內外兼分而體用必合者也予於地書亦嘗披覽輒見今之理地學者非失理氣空談局勢卒并砂水之不明即講巒頭高語元空究屬道途之莫辨或粗有門徑一知半解即下筆著書洋洋數千百言儼若氣形變化或散或止洞見本原而細尋其論說支離穿鑿毫無精義間有一二可録皆前人之陳語焉且有工於傅會私爲僞托若深得秘訣以求取信於人者其滋惑愈甚而地學遂卑不足道嗚呼蔣氏辨正之作非有不得已者乎先哲言理氣固極透闢而金龍動靜來龍血脈指點清晰妥見其偏重理氣也蔣氏積二十年讀書登山始出已見以立言表前賢之微正後學之軌其用

意所謂傾宗獨借蔣註精審而於天機元渺之蘊每每引而不發發而不盡致使學者苦思力索廢寢忘食而莫得其真諦章解蔣註亦均奧衍未盡宣洩後有張子綺石爲之箋疏畧而不詳不足增學人慧悟余老懶自慚荒落太甚青囊奧語嘗潛心研究推積思見多昏眩輒作即爲釋手偶有所得又未敢自信蓄疑待辨急欲索一解人而無由耳丁酉春仲予友温君明遠出自著地書示予予讀其書則知其爲發明蔣氏辨正之書而作也細譯再四無義不晰無語不暢凡八卦九宮元空五行流動變化順逆錯綜顛倒之法一一推究盡致學者得此開卷了然從天運無形之氣求龍穴砂水所在後指龍穴砂水之處悟天運無形之真機消息自通取用自合不致有多歧之歎余於此益服明遠討論之深領會之神親歷訪道之殷而克有此至精且審論也朱氏序張綺石辨正疏謂　國朝藝術之學超越前代者兩家醫則吳江徐洄溪相墓宅則華亭蔣大鴻令余究心醫理近六十年敢自比於洄溪而盡洄溪能事乎余將對明遠而

生娩焉爾光緒二十三年三月孟河退叟馬文植培之甫序於錫山南之怡雲室

自序曰夫地理者理也予究心地理闕二十餘年巒頭諸書無不畢覽而言能之貫聯穴之眞僞砂之向背水之蓄洩若僅揣摩書意圖形而不親歷山川心領神會斷不能入其奧竅至理氣一法諸家聚訟實無義理迨雲間蔣大鴻辨正之書出始知地理之學理氣較巒頭尤重所謂地之成形資氣則本乎天也是書秘義雖經蔣公辨其正旨君解其意仍屬半吞半吐未盡宣洩令讀者至此苦思力索無從推測余究心此學若忘饑渴凡同志好學之友無論相識未面莫不過訪然皆似是而非同邑高君述夫張君雲驄孫君菁棠王君少泉契好最久間遊亦數而雲驄推算象緯尤精光緒壬午因事至蘇有陸君子雲邂逅於金閶旅邸靜夜無聊一與傾談引爲知己即出秘藏心法示之討論辨難爲時匝月稔知元空大卦五行之法的是河洛眞鐵凡口傳心授諸訣詳註各編其中秘義洞若觀火纖諸推已及人宜出公諸同

好乃以天機秘密不敢筆之於書又以一言立曉而導學者之易致啫學之士思窮徑絕非故難之也一恐學者得訣太易忽於考究一恐授以死法貽誤後學仍蹈玉尺之僞是惟教射志彀一取乎精而學者考究之功不可因已得訣而忽之耳然余續解是書法有盡而理無窮亦爲初學辨正者茫無頭緒而設以故不憚有禁將此心傳口訣遂倒發明大暢厥旨爲後學津梁或章解已經闡豁略而不贅或蔣傳義註交義深奧詳加透發敢言者諄諄惟求學者了了自是傳心之法可由升堂入室傳眼之道仍要重勞足跡領畧山川變態之移步換形再將形理氣數體用參合庶幾登山涉水指凶示吉能免目迷五色也否則仍蹈誤人自誤此書諸編讀者輒指爲偏重水法而時俗不知山水分用以山法下求乎水其實形氣並講山法諸要亦寓乎其中無怪世之言龍穴砂水者皆以形體而不知理氣中亦有龍穴砂水存焉其深交秘義盡藏乎斯所以理氣較巒頭爲尤重知其奧者思過半矣蔣傳章解

先哲遺範不敢刪易五歌秘旨詞顯易明毋庸再解管見續解驥尾附後聊爲學者之暗室明燈凡我同志好學精斯道者勿哂以妄而匡予不逮也幸甚光緒二十三年歲次丁酉春仲之吉錫山溫榮熙明遠甫序於纈桂軒之南窗

青囊經上中下三篇總解曰化始化機化成乃發河洛三才之秘包括天地陰陽變化之理至微至精第義理淵深非有宿慧者焉能領其意旨而地理之一端有形之質皆陰也無形之氣皆陽也理寓於氣者氣中有極也氣囿於形者形中有極也其原悉由太極動靜之機陰陽互爲其根形氣相交於極也苟能明乎天地陰陽之變化形氣相交之止蓄立極招攝之八方元運衰旺之得失五行生克之制化歲時占候之趨避而哲者思之則地理之道無餘蘊矣

青囊序續解第一節雌雄即陰陽陰陽即動靜萬物之動者爲陽靜者爲陰所以水之長流不定者爲陽山之長靜不動者爲陰山之枝脚轉折頓跌起伏即爲靜中有

動陰中有陽爲水之長流不定中有瀦蓄凝聚即爲動中有靜陽中有陰爲地理入用之法言其體山龍要求生動水龍要求凝聚言其用天之氣無形無形之氣要從變易洛書之九氣而中五爲天心立極陰陽交媾之所運行八卦二十四山消長之氣如上元一運坎龍當旺爲尊居中立極不問陰陽皆順數坤二到乾六震三到兌七巽四到艮八中五到離九乾六到坎一兌七到坤二艮八到震三離九到巽四依數順行九宮然後用何山向對待交媾於中五看元空之卦爻排到山向應順應逆流行八方將此陰陽交媾無形之氣流於有形地體山水之上生旺之氣要配在動處衰死之氣要配在靜處體用五行均要相生相合爲吉相剋相反爲凶山川之變態不一天氣之流行亦無常以元空運行無形之氣合變化不測移步換形之地合而觀之無一同者故曰天下諸書對不同也

第二節乾爲天屬金天之氣無形故曰金龍動不動如上元一運坎龍爲動坤二則將動未動離九則將去少動艮八則

去久不動動者爲旺將動爲生將去爲衰去久爲死此卽旺生爲陽衰死爲陰盈虛消長陰陽往來測無形天運之氣也血脈者水也水從何方入口卽氣從何方來也而水中有氣焉水龍之立穴定向須認氣從何方而進爲入用之樞耳第三節兩片者乃洛書之九數分爲兩片也順數一二三四爲一片逆數九八七六爲一片天行氣地行形陰陽交媾均以兩片之數入中順逆顛倒之用中五者爲陰陽對待交媾之所入用之法皆在中五一九二八三七四六對待交媾於中五所立山向亦卽對待依數順逆行去八卦二十四山周圍流行於外以象天中五懸處於中內守以象地地之形皆天之氣所結有形之地其氣必本乎天之所自來細認三叉水口卽知元空無形之氣從三叉水口而入故曰龍分兩片水對三叉也 第四節江南龍來江北望江西龍去望江東者其法卽以中五逆數四至乾六三至兌七二至艮八一至離九九至坎一八至坤二七至震三六至巽四而其數逆行顛倒一至離九九

至坎一。三至兌七。七至震三。豈非九至坎一。即南龍之氣。反要在北望也。七至震三。豈非西龍之氣。反要在東望也。陰陽顛倒其實一逆數而已。易曰數往者順。知來者逆。不以定位之洛書數。要用元空流行之數。故曰大元空也。　第五節此自古聖人亦信重此道。濾潤之水。要重於華蓋之地脈也。地理趨避之道自古有之。實慎始慎終之大學也。可不知哉。　第六節朱雀發源生旺氣。說出大元空之法。惟以向為重要。向首之一星得時乘旺。穴內既得生旺之氣。再兼元空挨排到水口三叉來龍之氣。生旺可諸福坐致矣。蓋向者即天陽之氣也。　第七節有一卦即有三卦者。以二十四山之卦爻分為三卦也。子午卯酉與乾坤艮巽即卦之中氣。配天元一卦。寅申巳亥與乙辛丁癸即卦之爻神。配人元一卦。丑未辰戌與甲庚壬丙亦即卦之爻神。配地元一卦。此卦爻配天地人之三卦。即上中下三元也。元空流行數之三卦。一四七即三元首運之數。二五八即三元中運之數。三六九即三元末運之數。此洛書九數配卦爻天地人之三卦亦即上中下三元也卦爻經四位數亦經四位兩相配合爲三元九運之作用也經四位而起父母之法發明於天玉首章世之言龍穴砂水者皆以有形可見之體人人知之而不知無形之氣亦有龍穴砂水在焉天運流行變化陰陽豈非龍乎中五立極招攝八方豈非穴乎以向放水豈非水乎若此關一破讀辨正者思過半矣所以蔣傳云世之言龍穴砂水者真未夢見也誠者是言耳察有形之地而可勿重天之無形之氣乎

第八節卦爻之陰陽乾坤艮巽爲陽子午卯酉爲陰寅申巳亥爲陽乙辛丁癸爲陰甲庚壬丙爲陽辰戌丑未爲陰此非定位之卦爻要從元空流行卦爻之陰陽爲主也衰旺生死即天運消長之氣以洛書九數而論如上元一白坎卦當令爲旺二黑坤卦將來爲生九紫離卦方去爲衰八白艮卦去久爲死生旺之星要放在動處衰死之氣要放在靜處山主靜水主動陰陽即動靜山水即陰陽也

第九節說羅經二十四山之定位而子母公孫即元空

入用之父母子息也但卦有卦之父母爻有爻之父母其入用之法如上元一運之子午向以一入中順數五至午上五屬戊己之土隨向上之陰即以五再入中逆行九宮五即爲父母也又如癸丁向六到癸上六是戌乾亥癸上流行之卦爻即是亥亥屬陽順數九宮六爲爻之父母非此午上之五爲卦之父母也此即元空之子母公孫同此推排二十四山皆倣此

第十節分順逆即天心正運之一卦入中順行九宮從元空顛倒流行二十四山之陰陽分陽順陰逆此陰陽即前節註明之乾坤艮巽爲陽子午卯酉爲陰之陰陽也如上元一運立子山午向先以天心正運坎一入中不問陰陽順數子山是乾六乾屬陽以乾六入中順行九宮午向是五即屬陰逆行九宮而六之陽五之陰交媾於中五順逆顛倒由此而排天心正運之一卦豈非陰陽順逆五行之根原宗祖乎其陽從左轉陰從右逼非左旋右旋之謂實陽順之數自一至九陰逆之數自九至一卦即是數數即是卦顛顛倒倒下卦起星之法

可明矣甲癸申非盡貪狼而與貪狼爲一例者如四運之立申向順行坎一至坤申在坤卦之內申上之元空即是坎卦之癸申向之定位非貪狼元空挨到之癸乃屬坎卦矣豈非非盡貪狼而與貪狼爲一例乎奧語首章亦即此意重在元空也

十一節陽山陽向陰山陰向乃俗術之拘執有形從八卦二十四山納甲之紅字爲陽黑字爲陰之淨陰淨陽也其實與元空大卦之真陰真陽不啻霄壤元空大卦之陰陽是山上排龍要山上得當元當令之星爲陽山水裡排龍要水裡得當元當令之星爲陽水若山上排龍之星當元當令者到水即爲山上龍神下水水裡排龍之星當元當令者到山即爲水裡龍神上山水主財祿山主人丁上山下水未免退財傷丁山上排龍以元空天運排到坐山入中或順或逆若當令之星排到高山實地靜處即吉水裡排龍亦以天運排到向首入中或順或逆若當令之星排到水裡動處亦吉反此即是上山下水動衰靜旺陰陽相乘也向即天陽應動坐即地陰應靜

天氣下降地氣上升山向即天地之氣均要入中者乃陰陽之對待交媾於中五此要元空天運挨排到山到向之星入中非二十四山定位之山向即可入中也山與水相對即陰陽交媾也而論與此山此水相見之陰陽者要元空所排之二十四山與定位之二十四山相見也故曰一山不論一山之陰陽一水不論一水之陰陽而論與此山此水相見之陰陽者重之於無形之氣也星即洛書九氣貪巨祿文廉武破輔弼也　十二節二十四山雙雙起者即上交分元空山向一順一逆一山兩用謂之雙雙也　五行分布二十四者要從元空流行之二十四山分五行非定位之二十四山之五行也此五行乃元空之九星五行也　十三節山用順者如上元一二三之山對面即九八七之水仍要將元空一二三之星排到九八七之水下元七八九之星對面三二一之水仍要將元空七八九之星排到三二一之水中元四之山對面即六之水仍要將四之星排到六之水中五寄於四之末六之初爲八卦三元

九星山水順逆之用豈非山用順水用逆而星仍用順也平洋以實地高處為山低處有水為水山龍自以山為龍平洋以水為龍也十四節此淨陰淨陽是說山地來脈之入首平洋來水之三叉入口處或近穴元神貼身之水均須要一卦淨而不雜他卦之氣一卦淨者如子癸來脈即謂之淨若雜丑字即為不淨子癸乃坎之一卦丑為艮卦癸卦氣不一陰陽亦異矣八尺是近穴一節山水二龍均關緊要來山來水故須先到先收其氣之入穴為的所以三節四節不須拘者是言遠則可勿重而略之也十五節此以水法之曲折灣環重重交錯於二十四山之內大水收入小水合成三叉為水之城門立穴定向城門為穴內進氣之關鍵若以元空五行生旺之星排到城門即吉他處稍得衰星亦可轉禍為福若城門輪到衰死之星不免凶也兩水相交合成三叉即為城門立穴定向重在城門以元空星辰之旺衰為得失也十六節吉凶悔吝生乎動水為流動之物其應之速更勝於山也所以為山

家血脈之精水主財祿要水裡龍神得旺山主人丁要山上龍神得旺乾坤艮巽號御街者乾坤艮巽俱居四耦水能四耦纏到豈非水形屈曲四大尊神即衰旺生死元空排到四耦之中須先收生旺之方為先也其法亦以天運入中順行九宮應用何山何向元空對待交媾於中五之所然後陽順陰逆挨排生旺之星在何四耦繫要之處合時合吉所謂天機者即此也

十七節此節不過說九坟之來山去水坐山朝向俱與所用之元運相背不合元空之機也惟此一坟所用之元運與山水形體元空五行之山上水裡處處與時相合故能發福也

十八節得四失六得三失五者乃八方山水形體與元空五行之法不能處處相合或水吉而山凶或山吉而水凶或向首乘旺而坐山值衰或山水衰旺參半體用難以全吉故云然也

青囊奧語續解第一節坤壬乙乃卦數之二一三艮丙辛卦數之八九七巽辰亥卦數之四四六甲癸申卦數之三一二此即二十四山之卦爻雖書其半而天地人三

元之卦與數已備惟數獨隱其五不肯明言中五爲八卦九星元空流行陰陽順逆五行顛倒變化錯綜下卦起星之法悉由中五爲入用之樞方能旋轉九星所以謂此中隱然有挨星口訣天心即天運如上元二運坤二巨門居中立極即爲天星之動依數順行挨去豈非九宮便更元空流行之九星亦隨時而更變乎似巨門非巨門者坤爲巨門之正位壬乙爲貪祿之爻神卦數即是一三之貪祿而非巨門可與巨門爲一例者如六運之用壬向以六入中順數坎卦貪狼壬上是二以元空之二巨門爲用豈非壬非巨門而可與巨門爲一例乎四運之乙向亦然長丙辛巽長亥甲癸申非盡破軍武曲貪狼而與破軍武曲貪狼爲一例亦即此也以元空之九星一一挨去發此一節以明作用故曰挨星大卦之條例元空大卦五行不論定位八卦九星之五行而要用元空流行之九星五行也中五者太極之象其數實藏於四六兩運之內爲陰陽兩片之分天行氣地　行形皆以洛書一二三四五六七八九之

數陰陽奇耦順逆顛倒依數挨去故曰挨星天地之氣皆數也大五行亦洛書九氣之星卦所屬五行也元空者流行之氣也下卦起星者如上元一運坎卦入中即爲所下之坎卦也起星者即隨所下之卦元空流行至應用山向上之星再對待交媾於中五陰陽順逆流行八卦二十四山爲起星也餘運倣此

第二節此陰陽非左旋右轉者爲陰陽若以左旋右轉爲陰陽子癸至亥壬午丁至巳丙皆順行左旋也何來左爲陽右爲陰乎如上元一運以坎龍入中順數至坎子癸上是乾六六即乾亥二字屬陽順行九宮故曰左爲陽子癸至亥壬坎龍入中順數離上是五爲戊己之土隨山向之陰陽午丁二字即己土屬陰逆行九宮故曰右爲陰午丁至巳丙此陰陽非左旋右轉爲陰陽乃要以元空流行數之順逆爲陰陽也此亦以子山午向爲比

第三節雌與雄交會合元空者乃所用山向卦爻陰陽之對待交會於中五也雄與雌元空卦內推者再將所立元空山向交會於中五者

看卦爻之陰陽分其順逆顛倒流行故曰元空卦內推星非顛倒之法明乎錯西即此即亦前即雌雄交會之理所以山與水水與山互相關涉也山水即陰陽向即天之氣坐即地之氣天地之氣交會於中五陰陽變化流行然後地之形能變天之氣形與氣相生即葬乘此生氣也此生氣無形可見要當元之旺星放在水裡衰星放在山上此指向首排星而言若以坐山挨排又要當元之旺星放在山上之衰星放在水裡即為陽水陰山陰水陽山也一山不論一山之陰陽一水不論一水陰陽而要與此山此水相見之陰陽者如一運之用子山以一入中順數坎上是離而乾豈非與子相見者乎一運之子山不以子論而要以與子相見之乾為用也不論定位之八卦二十四山要從元空流行之八卦二十四山為用也餘倣此

第五

即元空五行即九星五行名異而實同者也元空之機均在中五陰陽交媾亦在中五兩中五一變九宮流動二十四山亦隨之而變陰不是陰陽不是陽亦在其中矣

第六節二十四山之有珠寶火坑皆無非旺衰二字從元空天運流行之坐山朝向對待交媾於中五順逆行去何方有山何方有水要當元當旺之令星與地體形局用神之星與時相合則爲珠寶與時相背則爲火坑矣翻天倒地者即從元空翻天干倒於地支之上爲翻倒也

第七節金龍即前青囊序中先看金龍動不動之金龍明指要認無形之天氣也經即地體爲靜而不動緯即天氣乃動而不息以動而不息下降之天氣合靜而不動上升之地氣苟能天與地相生相合豈非義不窮哉二十四山不動之定位亦爲經元空流行之八卦二十四山亦爲緯若非高人焉知動在何處而施其妙用乎經緯之道明矣而金龍之動即前註一運已交坎龍動矣離龍爲九運已過即爲不動總之處處說無形之天運天運即氣之往來即數之代謝衰旺生死由此而分所以不在形迹上求動靜不在定位干支上求消息要在無形元空流動之中求眞機可曉然矣

第八節第一說龍身之行止有體用之分體

之行止山法有分枝劈脈從大山落下謂之行直行至脈絡盡處到頭謂之止水法以大河初入瀆處為之行直至瀆底盡處謂之止所以山水形體之行止則一也若論其細義山水形體有移步換形之變貴作者隨地細心取裁因時圓通活變補而明之自有所得至用法之行止元空流行謂之行如時值上元一運一為坎為貪狼須以元空流動之中將此坎一貪狼之星放在水之瀆底盡處或放在河前之闊大曲動處即謂之龍到頭亦謂之止也山水總以權力獨勝之處為一穴之用吉凶之總靈如桴鼓第二來脈明堂不可偏要坐後之來脈與穴前之明堂均要收元空生旺之氣入穴為不偏倘稍涉衰死即偏也第三傳送功曹論體兩砂齊抱降伏有情獲衛正龍論用要左右乘旺生扶向首主星也第四明堂十字之元微與第七天心之十道配之立穴定向須要四面八方將元空排到處處不犯上山下水陰陽無相剋相反來山去水體用悉合謂之十道所以要向天心尋者天心即正運非地卦

定位之一九二八三七四六之合十要元空流行會合之十道也第六是八國城門最爲緊要用山有山之城門用水有水之城門無非要將當元得令之星排到城門城門者何有權有力立穴緊要用神之處也城門既得生旺穴內亦乘生旺之氣矣其餘八九十三節或論體或論用闕蔣傳章解之原文自明不待註解而可知也此十節或言體或言用或言龍穴砂水其實體之言龍即高低起伏用之言龍即天元九氣流行循環不息體之言穴即水抱砂關無漏風沖泄無山情雜亂有窩鉗乳突胎息孕育顯明之處用之言穴即中五立極之處要與外來八方旺衰之氣元空挨排生克之機處處合配體之言砂要山形拱向如人之兩手灣抱高低適均用之言砂即元空星辰要生扶向首體之言水要灣環曲折之玄兜抱則吉硬直反跳尖射則凶用之言水要元空流行向首排出之星辰以當元將來生旺之氣排入水中過去已久衰死之星辰排在高山實地處處配合陰陽各得謂之天根月窟元竅相通

所以蔣傳云世之言龍穴砂水者眞未夢見也時師但知體之龍穴砂水而不知用之亦有龍穴砂水無怪學地者似是實非難明其奧矣余靑囊序中已經續解今再續述者恐習斯道者之不潛思其奧故重言申明之　第九節倒杖之法後人僞造註中已明卦坐陰陽卽坐山朝向對待之陰陽所以要在未立穴以前看准地體如何究竟用何山向爲合元空中是何干支對待是何陰陽順逆挨排卽知應立何山何向兼何干支山龍先要看准來脈之起頂入首平洋先要看准水口三叉在何干支字位再用元空挨星之法形氣配合其間裁穴定向自然何必想也　第十節此節姜氏恐露其機借地中太極以混之說掌模明說掌上起星辰但掌上之星辰從何而起掌中可分九宮起星之法卽洛書九氣以中五爲立極將一二三四九八七六順逆之數由中五挨去八卦九宮從此流行二十四山亦隨之而轉吉凶旺衰從此而出豈非掌中分明也哉　十一節既知體用龍穴砂水之變化卽知五行生克

制化之理此五行亦即大元空九星五行也非定位二十四山之九星五行讀辨正者總以元空流行之九星五行為主切勿誤認板格也譬如我之用神是水流行之金氣來克我即以流行之火制之或以水泄之似得制化之妙矣但我所用之水適值其衰而克我之金又因時乘旺此秘旨所謂彼來克我適所以生我也以旺克衰衰反為旺無須火制水泄也　十二節此三節統論山龍形體巒頭諸書載之已詳毋庸再解惟高山低水之衰旺須要各得其宜勿犯上山下水之病為得也　十三節一篇奧語至此方說明向放水者論水之吉凶要從向上排出之星辰合何方之水為吉為凶要將天運入中之一星輪到向首得何星辰再將此星入中順逆推排何方有水何方有山陽星得令排到水裡則吉陰星失令排到山上為合若排山則以坐山為主不論向也坐山排龍山上要得陽星水裡要得陰星所謂陽水陰山陰水陽山也向首一星關係最重向者即向天陽之氣天主動其應速星氣旺則吉衰

則凶所以向首一星爲災福之柄其可忽乎向中之放水一隻眼至此方露其機耶
十四節二十四山之五行非羅經之某方位也要從天心正運元空推排而出之二
十四山五行也知此榮枯生死自明矣元空即由中五推排翻天干倒於地支之上
變成活局豈非對不同哉其中祕竅悉在元空不在某方位上可知矣苟能辨明天
心活用之機則認龍立穴有何難哉向中放水前已註明今再重言可見鄭重在向
上排出之星辰流行二十四位何位得水爲吉爲凶皆以向首爲主生克出入無非
穴中所向之氣旺與衰也穴即中五立極爲內八方之氣爲外坐山所推之氣亦爲
內向首所排之氣亦爲外也穴內之氣雖旺而受外來衰敗之氣相乘豈非旺氣從
內生出故云似乎我反生之矣水又在衰敗之方則水既來克我何以又云適所歸
以生我也而水固在衰敗之方元空流行之星仍要用旺所以云水來克我適所以
生我也此說初學甚難明白而章解中有山用順水用逆星仍用順可覽暢矣

十五節此節雖論山之龍形體而其實仍着緊氣運形體之龍穴砂水固要合格而氣運消長之機吉凶皆由此而可趨避總之體用不可偏廢也　十六節星辰須要辨明何吉何凶形體之分合向背亦要看准將此元空九星大五行挨到處處合時合吉所以再要把星辰辨者教學者仔細切勿忽略致有毫釐千里之失也郭璞晉人爲挨星元空大五行之祖也

溫氏續解天玉經內傳上第一節此章二十四山之卦爻分爲三卦與洛書流行之九數亦分三卦而卦之與數配合爲用也江東一卦起於西論卦卽爲兌說數卽地元之七經四位自七至四自四至一逆行其數水法用逆故曰從來吉也七四一之數卽爲江東卦也八神卽八卦四個一卽地元卦内之甲庚壬丙與辰戌丑未四個一也此一卦只得一卦之用者甲兼寅出卦兼卯陰陽不一星辰不能一氣所以不能兼通他卦也江西一卦起於東論卦卽爲震說數卽天元之三經四位自三至六

自六至九順行其數山法用順故曰排龍位也三六九之數即爲江西卦也八神亦即八卦四個二即天人兩卦內之子癸午丁卯乙酉辛艮寅巽巳坤申乾亥之四個二也此一卦兼通二卦之用乃陰陽同一氣也南北八神共一卦者坎坤震巽離艮兌乾之八卦共一中五爲立極入用之處由中五順數四位至八逆數四位至二而二五八爲南北卦也經四位而起父母之法讀者閱至章解未免與蔣傳互異不知其理者謂蔣傳與章解各說一詞知其奧者道同一貫蔣傳發其義章解宣其秘一部辨正惟此節最爲難解難明再以章解明白宣泄縱蔣傳章解詞意雖異而理法則一也江東卦爲後天之震震爲三乃天元之末運坎坤已過不能兼收其旺巽卦爲四乃人元之首運與天元無涉所以進而不能兼他元之巽退而不能兼過時之坤坎此卦只得震之一卦爲用不能兼通他卦也此非卦之不能而時之不能者其中有秘訣存焉姑先發明之如三運之用卯向三入中順挨至向上是坎一坎之

中爻是子屬陰以一入中逆行九宮至震卦仍爲三豈非震仍爲震三仍爲三元空流行之卦與數同屬一氣前後不能相兼所以此一卦只得一卦之用不能兼通他卦也四個一者章解之坎坤過時巽又屬一元坎坤震巽四個卦中只有震之一卦可用故曰四個一也所以非卦之不能而時之不能兼也江西卦者洛書之兌位兌爲七下元之首運應可兼用七八九三卦爲旺所謂元空心法中只得艮兌不得離九者如七運之用酉向七入中順挨至向上是離九離之中爻是午亦屬陰以九入中逆行艮八至乾兌七仍是兌離九已入中化極而八方只有艮兌之氣可收其旺豈非只得艮兌不得離九也四個二者退而不能兼中元過去之六同元之離已化極所以只得艮兌兩卦可兼通故也乾兌艮離四個卦中只有艮兌兩卦可用故曰四個二也此所以非時之不能而天卦之不能兼也南北八神共一卦者明明共一中五而爲九也二十四山陰陽交媾悉由中五立極之處錯綜變化所以能全收三

卦篇大父母也蔣傳以二十四山經四位之卦爻分配上中下三元章解以元空流行之九數分淸上中下三元之作用也三般卦起父母之用法細義詳後東西父母篇中第二節二十四龍管三卦者以二十四山之卦爻分爲三卦可配三元之數也子午卯酉與乾坤艮巽四陰四陽配一卦爲天元寅申巳亥與乙辛丁癸四陰四陽配一卦爲人元丑未辰戌與甲庚壬丙四陰四陽配一卦爲地元此卽二十四龍管三卦以數分配三卦者一爲天元四爲人元七爲地元一四七爲三元首運二五八爲三元中運三六九爲三元末運卦數相配然後可以元空作用也三四五五六七八九一亦爲三卦者乃上元將盡須接中元之氣中元將盡須接下元之氣下元將盡須仍接上元之氣循環不息補救乘旺不使衰脫數雖運屬仍屬經四位之法故云用要變通天元取輔人地兼貪亦此意也

第三節天卦卽元空流行之氣無形可見者也掌上尋者掌上起星辰也依運順行將所用流行對待之山向交媾於

中五然後元空運行陽順陰逆八方變化何方旺何方衰水裡排龍要旺星放在水山上排龍要旺星放在山此所謂山與水相對亦所謂與時相對時即天運也水裡排龍奧語篇中有向放水並但把向中放水看之文明明指示水要從向中元空流行排出之星辰爲旺衰也山上排龍要從坐山排出之星辰爲旺衰耳

第四節父母雖指卦之中氣左右兩爻即是前後又謂子息要兩路看者譬如子山子即父母壬癸爲前後然子兼壬則陰陽不一兼癸則陰陽一氣若陰陽不一則吉凶亦異所以前後相兼要兩路看也能明分定之理則兼左兼右可兩邊安矣此雖就卦爻而言然其實要從中五天運立極之星即爲隨氣建極之父母元空流行於應用山向得何星辰再辨陰陽交媾順逆流行即爲隨時變易之陰陽山上水裡各有用法故曰兩邊安也　第五節不出位即不出三卦之內三卦即前章所註之三卦也此三卦爻有三卦數有三卦要兼相配合而用配合既定再收上元一二三中

元四五六下元七八九之山水分用之法知此一訣即能山與水與向均得卦內之妙若出三卦即有差錯駁雜之病矣切勿誤認遊年卦例為真法也　第六節倒排即顛倒明而言之即逆行其數也凡元空挨排之法遇陰逆之數入中流行二十四山之向與水與山令星皆到可收其旺所以謂倒排父母蔭龍位山向同流水一體矣二十四位之陰陽即十二陰十二陽也父母即八卦九星也　第七節天地即天干地支雌雄即天干地支之陰陽要所立山向上元空排到之干支陰陽對待入中交媾分佈之氣乘旺得令與地體之山水合法富貴即在此中逢也所以云關者此也翻天倒地即翻天干倒於地支之上若非由中五元空上挨排何能將天干翻於地支之上哉如一運之巽向一入中順排到巽上是午地支翻在天干上矣辰向排到辰上是丙天干翻於地支上矣豈非翻天倒地秘密在元空乎　第八節丙午丁並非三陽乃離之一卦苟能水之曲折有三節不雜坤卦之未巽卦之巳元空之氣

合時乘旺豈不可喻三陽而富貴無休立見在朝堂也一處有一處之三陽庚酉辛壬子癸亦可云三陽一時有一時之三陽元空之氣山向流水總要得時得令所以獨提丙午丁三字以此爲例耳

第九節御街水亦即之玄曲折水法之至美者也再加羅星鎮塞水口氣聚於內左右之砂施有旗鼓相當之勢豈非出神童狀元大格之地哉乾坤艮巽號御街三陽水向盡源流異名同實也

第十節三才即一元三吉上元一二三中元四五六下元七八九也六秀即三吉卦偏旁兩爻之子息如上元坎坤震三方水來所立之向元空流行之氣可以收得此三方生旺之星即爲三吉如所立之向元空排來坎坤震方不得生旺之氣即不可謂之三吉六秀坎坤震三卦之爻神壬癸未申甲乙也玉輦捍門水之形體排定陰陽算准山上水裡與時俱合體用皆吉所以美其名曰三才六建也龍去回頭者水已流去再復向穴兜抱如子戀母不可認之以漏道也

十一節此節緊上文而言若水從壬癸未申甲

乙

六爻上層出之玄而來不雜他卦之遊爻元空五行又得生旺之氣即謂之六建分明備壬癸未申甲乙六處之中有一處之水斜飛反跳尖射無情即非六建矣六建即六秀既非三吉又非六秀水法必有錯雜流出他卦元空五行山上水理之氣又值駁雜衰敗定有寡天刑杖之禍也他元倣此　十二節此夫婦亦云係出卦之意如巽巳爲真夫婦丙午亦爲真夫婦而巳丙不得爲真夫婦者巳丙係出卦也然巽巳爲真夫婦乃陰陽一氣丙午雖屬一卦陰陽之氣不一元空消長之氣離屬有間似倚相近若巳與丙乃巽離屬兩卦謂之出卦元空排出陰陽父母之氣不一吉凶旺衰亦霄壤矣所以來山來水坐山朝向排出元空之五行認明衰旺即得真神踏矣　十三節零正即陰陽正神即當元之旺神零神即衰星如上元一運以一爲正神九爲零神　二運以二爲正神八爲零神下元之九爲正神一爲零神八爲正神二爲零神以陰陽對待爲零正耳餘運倣此坐向須知病者山上排龍要旺星到實地

高山即謂之正神正位裝也向上排龍要旺星到水裡低處即謂之撥水入零堂矣認取來山之玉腦者以明零正二途高低旺衰山水各得豈非富有積聚而甚言萬餘倉之鉅富也

十四節正神是指山上排龍如一運之子山得六爲乾屬陽順排七至乾方八至兌方九至艮方七八九爲上元之衰氣此方宜低宜水不宜高山實地子山必定午向得五屬陰逆排到向上得一有水即吉水亦要曲勁不直謂之水來當面須深遠悠長而後成龍餘方得二三謂之同元一氣若向中所排一二三之旺星到實地高山即謂之水裡龍神上山不吉所以山上排龍排到本元之旺星謂之正神是方要來龍來脈實地高山水裡排龍由向排到本元之旺星謂之零神是要低陷有水而零正無差也百步言其緊切最近零正即旺衰所以上元之正神即下元之零神耳

十五節山龍之來脈只有一路主山入首處爲父母八方之星處爲浮漚此山龍體之父母子息也水龍之來脈水有數處來者以照穴有情權力獨

勝之處爲父母八方之枝流小水爲子息此水龍體之父母子息也而用之父母子息者如一運以坎爲旺坤震卽是同元一氣爲兄弟坎之中爻子爲父母邊爻壬癸爲子息坤震卦內之邊爲兄弟之子息來山來水亦要與父母陰陽一氣純而不雜如子午兼癸丁之向坤震卦內要收申乙子息之爻神不可雜未甲地元子息之氣也水之來路雖多總要歸一元三吉之氣三吉之中又要分淸天地人三卦之純一不雜若一雜出元卦內之山水非惟挨排之元空五行不能生而且受克無疑矣此云父母子息者非定位坎坤震之一元三吉仍要元空流行排出之父母子息也故須照位分開水有兩三路來而不能拘一卦之父母純一而卽謂吉也 十六節二十四山豈有兩路以元空之一山一向順逆挨排豈非有兩路乎認取五行主者要認所用之來山來水一卦清淨元空挨排之九星五行無夾雜旺衰之氣若來山來水夾雜兩卦旺衰之氣五行又屬金木交戰卽來龍已屬差錯豈非吉凶不一而正

龍已傷若再形體有凶山惡水之情狀凶禍可必矣若形勢無凶破元空五行雖有金木交戰兩卦旺衰夾雜之氣倘不能興妖發禍所以不可即斷爲凶也如元空交戰駁雜之氣流行於交破之方其凶即值公位之何房公位云何乾爲老父震長男坎中男艮次男坤爲老母巽長女離中女兌次女此卦之分公位也數之公位以一爲長四爲中七爲次二三爲長之中次五六爲中之中次八九爲次之中次以三卦之分公位乾坤艮巽子午卯酉爲長寅申巳亥乙辛丁癸爲中辰戌丑未甲庚壬丙爲次一四七爲長二五八爲中三六九爲次貴操術者之隨地取裁隨時變通無不驗也卦與數形與氣從元空會合而公位之吉凶始定矣　十七節先定來山者排坐山之星辰也後定向者排向首之星辰也如一運之子山午向坐山之星得六向首之星得五五六即爲陰陽對待入中交媾先以坐山之六元空排出山上得何星辰山主人丁所以要先定來山也後以向首之五元空排出向上得何星辰水主財

辭所以後定向也結全龍者坐山向首所排之氣各乘生旺爲全龍也　十八節以天運入中流行於應用山向之上再以山向上所得星辰屬何陰陽交媾於中五順逆挨排翻天干倒於地支之位元空排到向上得當元之旺星故曰翻値向也如一運坎爲旺立午向元空所乘之氣午上仍是坎豈非坎一之旺氣翻從向上生入子孫之盛百年可必再加陽水陰山之配合子孫之富貴在此中尋乎　十九節元空大卦五行其秘只有此三般卦訣而其入用之法雖在首章江東一卦篇中已經詳註其中細義究未明晰特再宣泄畢露其奧學者不可因得訣太易忽於精求仍蹈誤人自誤也三般卦者即二十四卦爻之父母子息分爲天地人三元之三卦各得其八爻也數之三般者即洛書之一四七二五八三六九流行之九氣分爲天地人三元之三般也卦爲數之體數爲卦之用如時在上元一運穴立子午兼癸丁天元兼人元卦之向而照穴有情之水在丑戌星成體之山在戌而丑戌兩爻均在地卦

之內若超地元之父母又須以成爲父母矣以七入中排到向首是二屬坤卦地元之爻神是未屬陰逆行至丑上是八爲上元水裡之衰氣是方有水即爲出元出卦水主財祿定必退財仍以七之父母入中排到山上是三屬震卦地元之爻神是甲屬陽順行至戌上是四亦爲上元山上之衰星是方有山亦爲出元出卦山主人丁定必傷丁再兼元空五行之氣相克有形之質其凶立見若照穴有情之水在戌成星成體之山在甲山水雖屬出卦而元空所挨之星當元乘旺又屬同元一氣即謂之地卦出而天卦不出反凶爲吉也若穴立地元兼人元卦之山向照穴有情之水成星成體之山均在天元卦內又須以一爲父母挨排矣若穴立天元兼地元之山向照穴有情之水成星成體之山均在人元卦內又須以四爲父母挨排矣如交二運以二爲天元五爲人元八爲地元如交三運以三爲天元六爲人元九爲地元天地人者上中下三元也此即經四位起父母山水分用三般卦之秘訣也若卦之中

氣數之首元為父母之氣元大力厚所以能實耳若卦之邊爻數之中次為人地子息之旺發氣淺薄僅可豪富而已所以天元可統人地父母可兼子息若用邊爻相兼出卦之向又須以兩卦所屬父母之氣元空挨排以定山水之旺衰耳知此三般細義卦數作用之法一部辨正洞若觀火絲絲入扣矣下文四節之三般名異實同也其樞在中五與艮坤兩卦之內冬至一陽生於艮卦之丑夏至一陰生於坤卦之未天地四時之真陰真陽含於艮坤土氣之中爲領袖金木水火四行之化環繞中五爲太極陰陽犬牙之相錯一四七二五八三六九之顛倒錯縱總在艮坤之內所以陰陽交媾對待相射之氣必藉中五之大土可以升降變化土貫四行天根月窟乃中五與艮坤也　二十節父母是卦之中氣左右指兼向而言雙山雙向者如子癸午丁騎縫線雖不能以何爻爲主元空五行挨排總屬坎離兩卦陰陽亦是一氣水又零神衰旺雖屬空向所以倘能發福若丑艮丁未騎縫之向而丑艮固在一卦

所挨之氣陰陽夾雜丁來巳屬兩卦所排父母之氣順逆不同離非離而坤非坤總以何卦五行爲主而可元空挨排其孰旺孰衰旺衰既不能有一定其所來之氣所排之星定然吉凶不一豈非要敗絕哉仲子即離卦之丙亦指元空而言非呆方位之丙也是方倘若形勢尖射反背元空之氣又值衰敗則中房受殃必矣所以非指方位而言要隨時變易之一宮一向而言

廿一節此公位即上文所云之公位孟仲季也卦有乾領三男坤領三女一卦之中亦有孟仲季之分數亦有一卦中之三爻爲一四七二五八三六九孟仲季之分一元三吉亦可云孟仲季總要從元空流行之中山上水裡排到有權有力之處得生旺爲奇特若得衰死之氣即爲逆龍丁財兩衰則男女失其蹤矣

廿二節父母即前章元空經四位而起父母三吉即一元三吉上元一二三中元四五六下元七八九也要從元空起父母之中顛倒流行收得三吉之氣即爲之第一也三般起法已詳註首章及東西父母三般卦之篇中

矣勿再複述　溫氏續解天玉經內傳中廿三節此節申明一行僧所作卦例之非所以下接挨星爲貴耳　廿四節理氣惟挨星之法最爲地理真傳餘俱僞法天機安在內者如上元一運穴立子山午向要元空流行之氣排來四面八方之山水不出子午卯酉乾坤艮巽天元一卦之內再此八字之中有山有水之處挨到當元當旺之星與山水合時合局即謂之安在內若用壬丙向則又要不出辰戌丑未甲庚壬丙地元一卦之內癸丁向又要不出寅申巳亥乙辛丁癸人元一卦之內此即謂不出三般卦之內也若山向之兼左兼右兼干兼支總要收淨一卦若所立之山向或兼出卦或雜亂一卦陰陽夾雜元空流行之氣再值衰死即謂之安在外也家業退敗必矣知此元空流行五星配出九星之法而地理之道可橫行天下也

廿五節此以蔣公羅經二十四山之干支爲十二陰十二陽之所以然此陰陽之根原實從壬奇中之寄宮也壬寄於亥癸寄於丑八干四維皆寄於十二支取戊己歸

中爲皇極所以序中故曰先天羅經十二支也此章說出干維乾艮巽坤壬甲丙庚俱屬陽順支神坎震離兌癸乙丁辛俱屬陰逆各取一字曰壬曰癸至下文全露甲庚丙壬俱屬陽乙辛丁癸俱屬陰一卦之中有支中兩干有干中兩支即陰中有陽陽中有陰一卦之中皆有陰陽兩路可分蔣公恐人不明以紅黑字別之非定干支之紅黑字爲陰陽與從元空流行干支紅黑字陰陽爲順逆作用耳　廿六節天地即天干地支父母即一四七二五八三六九三般即一卦之中有三爻三爻之中有一四七二五八三六九之分爲天地人也如離宮一卦爲丙午丁三字午爲天元以一入中順數午上是五丁爲人元以四入中順數丁上是八丙地爲元以七入中順數丙上是二豈非一卦之中亦有天地人之三卦乎餘卦餘運做此宗枝者卦爲之中爻謂之枝亦即父母子息也所以元空顛倒二十四山若不從卦數相配天地人三元之作用便是僞法時師何知其妙閉口皆是胡言說到覆古人故可謂不能

假借紛飴欺人耳用法細義已詳東西父母三般卦之篇中不再複及　廿七節東西即對待對待即陰陽陰陽即往來無形之氣上元坎卦一運來而下元離卦九運已往矣八卦九星俱要到中五方能依數元空流行順逆顛倒陰陽從此而轉所以入首之來由要問五行山者即中五也既知元空顛倒之機悉由中五定卦分星之奧下卦起星之訣可曉然矣　廿八節時師只論羅經呆方位之二十四山干支陰陽分定十二位之子孫不知此子孫要從元空流行干支之宗而父母受克子孫亦隨之而罹災禍也如巽卦來龍元空流行乘着乾金無形之氣巽爲卦之中氣爲父母父母既爲乾金所克而巽卦之爻神辰巳即爲子孫亦無不隨之而受克矣所謂宗之受克枝亦隨之而受克也災禍豈能免哉餘卦倣此　廿九節五行出一位則出卦而生旺不能同元一氣也地卦出而天卦不出者如二運之用巳向兼丙地卦巳出元空五行排來巳上得二丙上亦得二豈非向雖出卦而星得當旺當令之星

地卦雖出天卦同屬一氣爲不出也卦外者所立之向雖不出卦所乘之氣是失時衰死豈非雖不出卦而元空流行星氣不合即謂之卦外矣兼貪兼輔之出與不出即前註東西父母三般卦之出與不出也知此即龍骨之真與不真不辨而自明矣

三十節一個排來即九星中之一星隨時運入中立極流轉星辰顛倒三八陰陽順逆變化不一甚有千百個之多也但所用星辰須得生旺不可錯認衰死之氣龍要合向者山上排龍要山上得旺水裡排龍即向上排出之星要水裡得旺即謂之陰要合向向合水也三吉即一元三吉應驗之吉凶太歲臨方或三合年中公位之禍福不失也

三十一節看五行即看九星五行也要從卦中排出以卦爲主不以二十四山之干支爲主也如壬子癸屬坎爲水丑艮寅屬艮爲土要元空排出八卦九星之五行即爲父母干支即爲子息如上元一運以坎入中即知元空所排之五行自坎卦生來既知五行自卦中生出然後用何山向或順或逆皆由天卦在中

之所倚天卦卽元空流行隨時之天運也若不知來山八卦之縱跡豈非八卦九疇
皆空乎　三十二節此節甲庚壬丙屬陽順推五行乙辛丁癸屬陰逆推五行至此
行與前節干維乾艮巽坤壬陽順星辰輪一章合而觀之說明八干四維之陰陽支
神坎震離兌癸者而坎震離兌卽子午卯酉屬陰取一癸字已藏此節乙辛丁癸爲
陰寅申巳亥辰戌丑未四陽四陰相輔乾坤艮巽而二十四山干支陰陽悉具畢露
至順逆顛倒仍要元空流行隨時變易來何地落何宮之甲庚壬丙爲陽乙辛丁癸
爲陰之陰陽也其非板位不易之二十四山紅黑字陰陽可知矣此陰陽之根原出
於壬家之寄宮前節註明勿再複及　三十三節東西卽日往月來之盈虛消長四
神卽元空流行無形氣中當元當令之生旺排到向水上之陰陽交會卽在中五由
中五順逆排去向與水豈非各有兩神乎總之向水均要各得生旺不犯上山下水
緋衣之應必矣富亦在其中也　三十四節此節言水法形體曲折之玄便爲吉地

但要曲折之玄之處須在一元之內如上元取一二三之氣若雜四五六七八九便爲出卦若近穴二折不雜他元又是卦之中爻父母之氣自在馬上錦衣定必發貴近穴三折最爲緊切餘曲雖多似可稍略若水形固曲一折即直流而去雖貴亦小且不悠久也此節形氣並講

續解天玉經內傳下卷

三十五節如六運穴立坤艮之山向以六入用順排艮上得九坤下得三依元空陰陽順逆排去艮上仍得六坤上亦得六皆非山上向上但得當元當令乾六之旺星若坐後再有挺拔奇秀之峯向上有之玄曲折不雜他卦之秀水爲疊用此合時合局合吉之地貴秀何疑若坐後平山並無奇峯向上亦無秀水而乾方有挺拔奇秀之峯來水三叉有曲折秀水由元空山向所排之氣均屬同元一氣亦是龍向水三氣俱合此節以理氣喻義指實指必出狀元大將乃所發富貴必大無疑也其餘衰運或由山向或由三卦挨排耳總之要元空會合無形之氣並非以定位言也

三十六節元空五行陰陽順

逆上交註明此再申明山上水裡不可顛倒誤用再能體用合法自有無窮變化之妙也　三十七節前章註明四神以元空五行排到向水之各有兩神要不犯山上水裡乘着衰氣此節方露穴中一語而穴中指山可見山上亦有兩神不獨要向水兼收其旺即山上兩神亦不可忽也四神者實指山向而言水由向排水上豈能不收其旺乎水上既收其旺而由坐山逆挨到來能入首之處亦要同元乘旺四神之奧得矣　三十八節三般卦訣首章與東西父母兩節已經發明天地人三大卦之卦數詳細用法矣前註乾坤艮巽與子午卯酉爲天元乙辛丁癸與寅申巳亥爲人元甲庚壬丙與辰戌丑未爲地元陰陽配合爲三若所立山向在天元卦中元空所乘之氣在人地兩元卦內即爲出卦若所乘天元卦內一二三之氣在人地卦中爲出而不出此非真出若去來之水在人地卦內所乘之氣又是七八九地元之衰氣時值上元山向又立天元去來之水在人地兩卦之內元空所乘之氣又値衰敗豈

非家要貧之乎如立丙向兼巳亦謂之出卦若所乘之氣生旺亦非真出若值衰氣則真出矣此乃卦爻之三般一四七二五八三六九為數之三般卦與數合而為一也其中奧妙各有父母用法已註前章恐學者泛泛故再複及　三十九節此節兼形局而言要山上水裡所得星辰生旺無上山下水之病四面八方形與氣處處相生相合所以為大都星起於何方為是山龍水龍同為一例　四十節此節從中五逆數坎離顛倒自然龍墀移於帝座矣江南龍來江北望亦即此意前已註明不過一逆數而已　四十一節此節說要倒排父母倒排者即逆數也元空逆數之中一六會合於或山或向或水再得丙九之照神自有縣府富貴之應紫微六也八武一也帝釋九也　四十二節三般卦訣前已詳註苟能識得豈非神路乎北斗即九星元空兌七之金去劫震三之水而離九之火來克兌七之金而救震三之水則救制自明變化亦得既明元空三般大卦經四位起父母之秘再能以山水形氣生克制

化之理洞之豈新青囊最上一乘之作用乎由現在而逆推到第七者一至逆數到四豈非七位乎四至逆數到七豈非又七位乎二五八三六九同例此處五行與立極之氣相反最易發禍者如上元一運立極之元空五行豈能與中元四運下元七運立極之元空五行相合各元有各元立極之五行各運有各運立極之五行元運立極之氣既然相反各異形氣五行自有更變發禍可必轉能發福者要所立當時之山向處處合吉也　四十三節山龍平洋出脈在子午卯酉乾坤艮巽者乃父母之卦氣全力厚若所用之時山水合法乘旺富貴悠久水長百里言水來深長曲折有情水短即硬直無情所以遭傷也四正四維卦之變爻謂之子息出脈若於子息而乘富貴亦輕此指卦爻出脈以辨力量之輕重也　四十四節識得元空隨時而在之陰陽自能分順逆兩路之挨排處處無非妙用因時乘旺不犯上山下水之病富貴可達京城若不知元空隨時而在之陰陽順逆兩路之旺衰自然不識用運其

時上山下水顛倒誤用其凶如火坑之深也　四十五節前兼龍神如立午向兼丁或兼丙後兼龍神如子山兼癸或兼壬雖用法各有相兼元空流行之九氣旺衰不一坐山向首元空挨排兼左兼右須得生旺爲要零正卽衰旺若不明衰旺之理山水誤用絕之無疑作者可不愼歟　四十六節倒排卽逆數也如一運之子山午向以坎一入中天運順行數至子上是六午上是五以五入中逆數至午上仍是一爲當元當令之旺星若以五入中順排至午上是九卽爲衰敗之氣所以倒排父母卽逆行九宮所用之山向得元空陰逆之數則得旺氣若用陽順之數則反得殺氣矣要從廉武上去推求者廉卽五武卽六上元一運之子山午向順數子上是六午上是五五六皆要入中豈非從廉武上去推求乎　四十七節曲折之水有四節元空所排之氣由穴中四三二一逆推而去此四節之水形雖曲折逆去氣則順朝穴中豈非均榮貴也秘奧如此體用之妙若無口口相傳焉能入其微妙之域哉若逆穴

之水出卦子息必受艱辛蕩去又歸本卦必主離鄉發福　四十八節東引西歸北到南推即亭中江南江北江東江西名異實同皆由中五遞數九氣老龍者即天元九運若不從元空尋覓無形之氣反從山岡尋覓有形之質譬如時師不識挨星實學假作天心摸也　四十九節能明元空翻天干倒於地支之妙已不易傳再知收山出煞之法大地相逢自無錯過而收山之秘無非山上水裡旺衰得宜若山上排龍高山實地要得生旺向上排龍水口三叉低陷之處要得生旺反此即是收不得山來出不得煞去也總之旺氣收入穴中衰氣出於穴外習是術者不察種德之家强求吉地雖能人定勝天統屬挽回造化定干造物之怒不禍及操術者幾希矣天地之元機雖妄為宣泄窮極其理學者須精思冥悟庶可洞若觀火豈筆墨能盡述

都天寶照經上續解第一節龍穴砂水俱吉用神最緊要處再能收得旺星自然一葬便發龍在山中不出山掛在大山間者是形氣並講論形體老龍幹氣生出嫩

支之穴論理氣中五立極之所謂之老龍由中五順逆顛倒二十四龍是謂龍在山中不出山掛在水山間也。二十四龍均要到中五也　第二節此節說出大形大局千里來龍止歇結穴情形。教人詳細。看出軍州天地王侯將相之格總括龍穴砂水之綱領學者苟能參悟不啻讀遍疑撼龍玉髓諸書矣　第三節郡縣之地並無靠着高山後頭之龍譬喻人家墓宅平洋之地只要取水形曲折環抱有情水中已自有氣立穴動靜中間求者即中五立極無論在何地而用事之處即為立極立極既定然後看准應用何山何向如一運用子山午向以一入中順挨午上是五子上是六以向上五字再入中隨向上屬陰逆行九宮午上得一即為龍到頭一運屬坎龍之氣元空山向對待陰陽交媾在中五由中五交媾化氣流行之坎一排到午上豈非坎龍運行變化之氣到午上為到頭乎是方有水為旺則吉坐山亦然然靜為形體動為空氣水動山靜形氣相生相合亦為到頭也　第四節此節掌上起星辰即即洛書九氣元空順逆顛倒在掌上排出何方旺何方衰之能可取裁子字出脈子字尋者三叉口之水須要在一卦之內若出卦即卦氣不一旺衰亦殊所以大山喚作破軍者即水法渙散不成星體湖蕩大河迷漫雜亂之處須要收入小水方有水土金之三格有此吉格然後將指南辨其吉凶也水曲土方金圓三形水法爲合格若直水尖火爲平洋大忌所以到頭要分水土金大河流入小河三叉水城處即龍氣進口之處最忌卦爻夾雜至到頭結穴地方有水土金之三格可用若尖直水火之體平洋最忌若三叉進氣之處陽差陰錯結穴之處水火凶格所謂勸君不必費心尋也學者細心揣摹毋忽

第五節子午卯酉爲天元宮非此四支皆屬天元而四支之中有屬天元者乃子之一字爲天元天開於子也寅申巳亥四支辰戌丑未四支乃人生於寅地闢於丑所以寅爲人元丑爲地元也子癸午丁卯乙酉辛陰陽一氣以備出脈審脈界清卦氣不雜如子癸出脈即謂之清淨若雜丑字之地元則

卦氣不一已屬兩元若雜壬字雖在一卦陰陽之氣已異星辰不能淨一合元總以元空流行無形之氣爲主山水一同到者元空流行二四六八之氣或有挨到子午卯酉之上豈非一半之穴已屬乾坤艮巽之氣欲收一元三吉既不能清淨已雜四隅之龍而作者之妙用既立天元之山向應要兼收人地爲五吉輔星乃稍扶一元三吉恐旺氣已過故預先安排他元之輔星其衰氣既來倘有補救之星爲輔雖值衰替不能爲患人地兩元所以必須兼着貪狼上元之氣如時值七八運須兼上元之一時值二三運先要安排八九之輔星四六兩運或接上元或接下元均以上下兩元中主星爲輔也成五吉者如上元一二三之處水法得力固當令矣又須六八之氣合同入穴即水法龍氣之真四五六運中元要取一九合氣入穴七八九運下元又要二四合氣入穴此五吉之氣活潑潑地總看體格之可用與否再以元空流行無形之九氣與時合否則去取權衡在我掌握矣輔星者補救悠遠之良法也

第六節辰戌丑未本屬地元在乾坤艮巽卦內故曰夫婦甲庚壬丙之向要元空排於辰戌丑未之上故曰正向元空卦中有貪狼排於辰戌丑未四支無論何支得一白貪狼者即地元八九運中雖氣局逼險已得一白上元之氣下元氣固盡有上元接氣補救正龍有輔不致衰替矣　第七節寅申巳亥本屬人元元空排去寅申巳亥上有得乙辛丁癸之水此四干中有一白貪狼者在人元支中已得上元星辰之氣即一元而得兩元之力矣者即中元之四五六一爲上元九爲下元三元之氣旺衰可接而不替故曰更取也寅坤申艮卦雖錯雜數則均在二八兩卦陰陽一氣不雜故曰御門開巳丙亥壬乃出卦之向若四六兩運用之卦雖出而當令之旺星可以同到即能兼用故曰巳丙宜向天門亥壬向得巽風雖屬出卦原有可用時候無非顛倒中間仍有妙用也　第八節貪狼本屬上元一運之主星若人地兩元用之豈非待其當旺而爲時已久故曰發來遲陰陽兩宅雖用於人地兩元之時必待貪

猥得令當旺自能方生貴子好男兒也此原先時補救之法非爲當令言也
篇九個陰陽兩宅要合觀者山龍以山爲主高低起伏主山朝案左右龍虎論其山
龍之結穴眞僞元空五行亦以排山爲主向爲客平洋以水爲體要論水城之灣環
曲折抱繞有情無漏泄冲射亦論結穴之眞僞元空五行以排向爲主坐山爲客雖
有奇峯貴砂與平洋水龍無涉所以不須擬對也主客即山向對待即陰陽交媾姜
氏所謂陰陽之交會處情出眞機者交會處即在內五也以山向對待之卦數交媾
於中五元空流行顛倒挨排何方有山有水吉何方有山有水凶尙非至人有禮者
亦發覆主在東兮客在西主在南兮客在北乎師嘗露出此個無師指以中五交媾
之所爲入用眞機而運動八方須知山水二龍之分用山有山之用沖水有水之用
法切勿相混天機秘竅一中五已漏泄矣學者苟能潛思中五之妙用辨正之精微
奧妙悉在其中也　中篇第十節節師已經明言平洋以水爲體數人切勿以山法

不求乎水此節專言申明平洋須要坐後有水謂之騎龍亦謂之龍空氣不空水中有氣水為動物吉凶悔吝比山龍更速山主靜其應遲也然坐後之水要灣環兜抱為吉若斜飛反跳直射無情雖元運相合生旺亦作凶斷直解固謂後實有時可用者要山上排龍排到坐後得當旺之星即雖後實亦可用也若水裡排龍排到坐後實地高山得當旺之星即不可用矣水裡排龍即向首排龍也但平洋終須後空爲久而後實雖有時可用究竟不免掩蔽陽和雖發不久也所以山龍排山為主水龍排向為主坐山乃地陰之氣向首乃天陽之氣山與水陰與陽旺與衰升與降要用之各得其宜則元空活用之奧平洋墓宅之秘思過半矣

第十一節子午卯酉以定位之坎離震兌言乾坤艮巽何能坐對子午卯酉也明此卦理之動靜豈非此訣乃元機失祖宗乎簡而言之子午卯酉即洛書之一九三七為靜乾坤艮巽乃洛書之二四六八為動靜主體而動主用以動之數流行於靜之體明此元空陰陽體用

之法自有曲善化能之妙直解明言若以八卦之呆陰陽不論元空之活陰陽即陰陽差錯而敗不勝言矣　第十二節此節明說不可兼向出卦若用乙辛丁癸之獨向稍兼子午卯酉為一卦清淨陰陽一氣廣大兼容如果少偏於辰戌丑未即為出卦衰旺不一半吉半凶必矣而甲庚壬丙不外是也寅申巳亥若兼乾坤艮巽亦為陰陽一氣若兼甲庚壬丙又為出卦衰旺不一半吉半凶矣兼輔而成五吉前節之天元取輔人地兼貪無非上元要兼中下元之星中下兩元要兼上元之星庶幾補接元運不致驟衰否則恐一到失元之時即敗不勝言元空無形流行之氣雖則如此亦須要地體之山水用得合法也　第十三節辰戌丑未配甲庚壬丙為地元卦也辰戌丑未為方位不易之體甲庚壬丙乃元空流行無形之氣時在下元立辰戌丑未之向元空流行之甲庚壬丙排到辰戌丑未之上何方得旺何方值衰旺星放在水裡衰星放在山上謂之陽水陰山此指向上排龍若山上排龍又須旺星放在

山上排星放在水裡謂之陽山陰水如此則山水合法富貴聲名傳聞天下若論八卦之界方位即不是妙訣要元空流行之八卦九星即為真訣也若僅知板位之八卦九星豈非差錯而敗絕哉陰山陽水水吉若上山下水顛倒誤用子孫豈能免禍乎水為陽主動吉凶應驗甚速遠秀好峯其貴與水法無涉故曰莫貪也下交八卦只有一卦通明明立竅露於中五學者切須審辨自明

第十四節元竅因由細求山向之用法尋祖脈者即尋中五也要將元空對待之山向均入中五交媾依洛書九數分陰陽順逆尋去水口三爻有干神之旺星排在此處即為永無變之向也寅申巳亥即前賢不易之方位要排元空流行之乙辛丁癸干神得旺到向或到水口三又山上水裡處處合法白屋可出公卿孫鐘之墓可証也元空之祖脈所謂天心是也天心乃天運元空大卦之一隻眼即中五也學者勿忽此三節方說出子午卯酉配乾坤艮巽辰戌丑未配甲庚壬丙寅申巳亥配乙辛丁癸十二支配十二干陰陽

相錯天地人三元之三卦也　第十五節此節山龍穴後要有落脈方爲正坐平洋穴後要有水神抱繞方爲坐正穴又須以元空五行排到坐後得生旺謂之環後空亥壬巳丙雖屬出卦只要元空五行俱得生旺即爲地卦出而天卦不出亦不可棄而不取寅申巳亥言不易之定位乙辛丁癸言流行之干神寅申巳亥上惟乙辛丁癸四干能可元空排到乾坤艮巽甲庚壬丙則元空排去不合故只乙辛丁癸四位可遍後空之缺前篇已詳言之此節重言庶學者勿忽平洋作法後空爲緊要州縣郡省並靠著後龍以水法爲重也餘詳傳解細玩自得

第十六節天機妙訣只有一卦可通此一卦乃天心正運之一卦也如一運坎爲一卦立極中五卽爲天心順數坤二到乾逆數離九到乾順逆顛倒依數排去卽知乾坤艮巽屬於何位乙辛丁癸落於何宮甲庚壬丙來於何地元空之星辰旣以流轉再以應用山向所得星辰之陰陽交媾於中五順逆挨排八卦二十四位干支何位得旺何位值衰何方應

要有山何方總要有水山水旺衰既明而收山出煞亦在其中矣收山者即收生旺到水出煞者即出衰星到山此以排向而言若排坐山即收生旺到山謂之收山出衰星到水謂之出煞如若八方之山水旺衰各得亦謂之收山出煞也如立乾坤艮巽之山向乃卦之中氣力量較大所以可出官貴乙辛丁癸卦之爻神力量稍遜倘與父母陰陽一氣所以能致田庄之富甲庚壬丙雖亦爻神與父母陰陽之氣不一氣局更窄且恐未免稍雜所以只能爲榮而已此係辨明定向時立卦之中氣爻神力量大小耳

第十七節水法城門即三叉進氣之處最爲緊要然亦未嘗執定于三叉之水口爲城門或重水之到頭爲城門或重水之灣環闊大處爲城門總以水形有情力量尖而用神緊要之所爲城門也山法亦以山形高大圓淨挺拔有奇爲城門或降下入首星辰到頭結穴之處爲城門或兩砂齊會空處進氣之所爲城門用法亦以元空大卦之天運挨排山向之旺衰爲吉凶也父子不傳甚言天機之秘

耳　第十八節周圖好指龍穴砂水形體之美巒頭諸書已詳水亂山顛倒歷指元空上山下水之誤用所以時師但講八卦板位之陰陽不知有元空顛倒之陰陽胡行亂作求福反禍如二運之子午向以坤二入中順行震三到乾巽四到兌乾之板位屬陽元空流行之震三屬陰兌之板位屬陰流行巽四屬陽豈非陰不是陰陽不是陽陰可作陽陽可作陰乎那些子真天地之元竅直解雖指挨星之生旺究竟未會宣泄今發明之些子者中五也八卦陰陽對待均由中五交媾依數順逆挨排若向上生旺之星排到水口三叉有權有力處即謂之些子合得天機遇衰死即爲不合天機人身有此一竅亦二五媾精之義其竅懸在中五變化也明矣不在板位旣明矣　第十九節陰山陽水之配合元空向上排出生旺之氣要有水或低處山上排出生旺之氣要有山或高處此陰陽以來者爲陽即一運之坎一爲當旺坤二將來爲生往者爲陰一運之離九過去爲衰艮八去久爲死雖非干支卦爻爲陰陽元

空天五行數之陰陽不能離干支卦爻之陰陽也不過要從元空流行之卦爻干支排板位卦爻之陰陽也水裡排龍即從向上排出之九氣有水之處得生旺為陽高山實地得衰死為陰山上排龍即從坐山排出之九氣高山實地之處得生旺為陽有水低處得衰死為陰所謂陽山陽水山與水相對乃元空挨排之氣即洛書九數之往來也　二十一節玩山觀水之主張即上文之陽水陰山元空生旺衰死之氣山上水裡各得其宜山情水意非陽水陰山各得其宜之情意要元空五行之氣與形體五行相生比和山上水裡陰陽配合此為真情意也傳中謂此四字乃全經之緊妙緘藏緊妙也學者苟能潛心參考地理之形理氣數無餘蘊矣然論形體山要豐滿圓淨水要之玄曲折山形不可破碎斜側水形不可硬直尖射此論形體吉凶之大略也　第廿一節五里山書即中五也寶主山向也元空交接於中五然後陰陽顛顛倒倒挨排山上水裡各得其宜體用兼合楊公妙訣欲求富貴頃時可來甚言

其法之秘而驗之速也　第廿二節三奇六儀九星九宮乃奇門之法地理之道同出一源干陽支陰原非不是但干中有陰支中有陽若以板位論之雖奇儀星宮卦爻干支無所用之求福反禍時師專論板位卦爻干支之陰陽不知元空流行卦爻干支之陰陽誤盡世人矣如明得元空之陰陽乃配合生生之妙理自然有處可尋配合即前章陰山陽水之配合也　下篇第廿三節此節專論山水二龍之形局離鄉發蹤山龍玉髓經已詳水法水龍經亦備　第廿四節此節論水法要灣環曲折兜抱穴後為水局後空坐正穴之吉格也　第廿五節中陽內陽無論山水兩格必要寬廣不可逼窄寬抱則堂氣舒暢水聚穴前是能之玄朝來無異鳳舞鸞翔乙字灣身引歸穴後即內陽坐穴之法城門一卦得與勿得亦即此也　第廿六節此節極論水法直硬尖射等各種凶格遇此形局切勿下穴雖旺元亦不免凶也慎之　第廿七節擺頭水者形如曲水其實闊狹不勻歪斜倚側似曲非曲真情蕩佚淫邪

不免過此切勿誤認爲曲水之吉也　廿八節形體凶惡不吉之格雖元空當元當
令合時合吉山水各得亦不可用也　廿九節褰頭之水時師以爲兜抱可取不知
穴前兜抱之水太逼且無生動餘氣斬絕久後必絕若穴前有曲水相接即能舒展
穴氣是爲於前反凶爲吉　三十節茶槽言穴前池塘不通大河活水形體硬直毫
無生動若立穴稍遠冲容不逼可不爲凶若立穴逼近竊似褰頭猶之割脚尋凶立
見總穴前池塘之水須緊圓淨澄清照穴有情立穴苟能不急不慢遠近得宜無不
吉也　三十一節此節非獨指水法之形局而言元武乃穴後之水即謂坐水騎龍
也擺頭是曲直粗細闊狹均不合格之形體若有分流須認定龍來何脈之蹤跡大
山出脈分三訣言水局迷慢闊大卦氣不能收清應收何路之脈元空理氣與穴前
一般排算穴前即向也　三十二節山龍以後高爲是平洋以後空爲合山龍後空
爲太陽落陌平洋後實爲太陰正照久後不免損傷人丁若元空五行山水衰旺與

時相合稍有補救若用違其時顛倒誤用男孤女寡實堪憐矣　三十三此論星體吉而再合元空兼貪兼輔之妙用方可登山認踪矣　三十四節此言山龍之破碎歪斜平洋之斜飛尖射最爲凶格元空五行雖能合法終久必凶體用不可偏廢也

三十五節本山本向者如一運之立壬山丙向以一入中順排元空到丙是五臨宮屬陽再以五入中順排到壬是一豈非當元之旺氣應要排到水裡今反排在山上壬屬坎而元空之旺氣未是坎返吟伏吟之訣明矣亦即水裡龍神上山此指排向而言若坐山排龍水元之旺氣到山則謂返吟之謂如果水局有金國水曲土方之吉格元空五行有兼貪兼輔補救即可轉凶爲吉若向上排龍令星安在水裡或水口三叉之城門又謂十道也　三十六節龍與穴果吉矣若誤立陰陽差錯上山下水顛倒誤用之向則悔吝生焉剝官星者猶官之正可赴任而忽丁艱信到總之吉中有凶成之有失也　三十七節孟山即寅申巳亥仲山即子午卯酉來龍狹脈

雖山之生蛇出洞水之曲折之玄到入穴處即即要不雜孟山之來龍不可夾雜仲季惟到頭一節要其鄰重干奇即寅申巳亥配乙辛丁癸支耦即乾坤艮巽配子午卯酉也細推干支俱要歸孟仲季之一氣如稍不清星辰雖吉發不長久若逢雜亂叅商何如

三十八節山龍之縱放收束即是峰腰鶴膝平洋之兩水相交即夾水收入小水不用砂之關鎖也夫婦同行者無論山龍水龍出脈之處須要兼干兼支陰陽一氣即子癸爲吉壬子凶之意雖出脈同在一卦子癸一氣屬陰而壬子則陰陽夾雜元空五行排算亦順逆不同故云須認劉郎別處尋也范盧兩拉皆在兩澗交會之處有奇石鎮塞水口所以有擎天鼎臣之應山龍之大格可證平洋之奇局亦有之

三十九節山水二龍之來脈雖直似欠生動苟能子癸一氣出脈不雜於壬乃一卦清淨即爲福山若再立向能乘生旺自然吉矣支兼干出午丁卯乙酉辛均是支兼干出也餘卦倣此

四十節脈過凹謂來龍曲折即節註乾坤艮巽御街

水也來龍來脈苟能節節同行不出他元之卦自有列土分茅之應甲庚壬丙雖不在乾坤艮巽卦內而立向收水正以天干爲體山水苟能三節同到干支不雜可發三代亦即一節一代福之意也元空五行非專重地支而天干亦重　四十一節盛若載干即子癸爲吉干若帶支即壬子爲凶曲折之玄水當面朝來純在乾坤艮巽不雜左右地支爻神豈非天然穴哉再兼三節不雜穴之奇妙可知也時師不明此中奇妙而立陰陽來雜之向形局雖之玄曲折不久即敗矣用干用支無所偏重咎乘其時耳　四十二節龍來長短曲折一節一個星辰二節二個星辰曲曲折折之中須要孟仲季不雜如子字來龍曲折要不出午卯酉天元一卦之內如丑字來龍要不出辰戌未地元一卦之內如寅字來龍要不出申巳亥人元一卦之內曲折雖多孟仲季均歸一路淨而不雜貫格大地必矣若曲折數節不出一卦一宮氣尚雖非大格乃一卦淸淨不雜亦秀貫悠久之地一卦一宮皆壬子癸一卦一宮而言雖

地理正宗

川沙古稀生張清湛字見山號梅村著

授長孫鳳韶字巢阿號感雲讀

大將軍

寅卯辰年坐子宮北方

巳午未歲寄卯東東方

申酉戌將占午位南方

亥子丑年居酉中西方

月三煞每年呆板法逆行

正五九煞在亥子丑北方二月申酉戌三方

三月巳午未三方四月寅卯辰三方逆走

至十二月為止

三元起運法

上中下三元每元六十年周而復始

上元運 同治三年甲子至癸酉 同治十三年甲戌至癸未 此二十年一白當令 二黑 三碧 輔號 取实地號 水取对宮

上元中運 光緒十年甲申至癸巳 二十 甲午至癸卯 二十年二黑當令 一白 三碧 輔號 收號 卯七八九宮 水同上

上元末運 甲辰至癸丑 甲寅至癸亥 二十年三碧當令 一白 二黑 輔號 收號 水同上

中元首運 甲子至癸酉 甲戌至癸未 二十年四綠管運 五黃 六白 輔號 取四綠號 六白水

中元五運 甲申至癸巳 甲午至癸卯 二十年五黃當令 四綠 六白 輔號 取四綠 六白水

中元末運 甲辰至癸丑 甲寅至癸亥 二十年六白當令 五黃 四綠 輔號 取四綠水

下元首運 甲子至癸酉 甲戌至癸未 二十年七赤當令 八白 九紫 輔號 取七八九號 一二三水

下元中運甲申（甲午）至癸巳（卯）二十年八白當令（之九紫）七赤輔號　收號水同上

下元末運甲辰（甲寅）至癸丑（亥）二十年九紫當令（八白）七赤輔號　收號水同上

論九宮元運

九宮者即洛書之氣。一二三四五六七八九是也。戴九履一左三右七二四為肩六八為足

上元一白坎當令丙午丁為正吉水謂之生號　宜收離宮三叉口　即平洋顛倒顛也　乾水為催運謂之旺號　或亥水到頭或乾水特角俱可取一六共宗之義　宜收在外局近身則不可因中元四綠之水故也

北方水為正煞謂此（之死）號　大忌坎水三叉或山後過宮水　謂之行號不甚忌　巽（辰巽巳）方水為催煞上元大忌

兑艮兩宮水未交正運謂之平號此亦正吉水在上元中　宜收庚酉辛丑艮寅　坤震兩水未交正煞謂立局安山大為吉利

之困說此二宮在上元宜收实地說見水宜
遠避之切不可收入內局以受禍害
二黑當令之（上元中運自光緒拾年甲申歲交入今年丁酉歲已第十四年矣念年一換）未坤申水
謂之正煞用之大凶寓有实地行說謂之旺說大堪發丁
以顛倒之義輪之八宮丑艮寅之水是
当令之水宜收三叉口用之必能旺財七赤水為照神取二七
同道之義（上元中傍西水立坟宜收辛上三叉口特南至庚之水）
到頭謂之收山出煞東有一說謂之雌雄交媾即
陰陽对待之義也亦謂之震局
取東方实地得三碧之氣也離方丙午丁水（此上元統令之水也至中元）
四綠運中尚还重用因得河圖四九為友之義也在二黑運中
或得丙上三叉或得丁上三叉或收丙上到頭俱妙倘水自東南
而未至丁上到頭更妙因收尽坤之氣
出盡離煞得收山出煞之用也宜細玩之北方一白水東方三碧

水皆謂之煞水（水口）忌三叉西北六白水仍宜收在外局不宜近

身東南四綠水亦宜避之

三碧當令東方甲卯乙為正煞水（大忌三叉口 但取实地說）西方庚

酉辛為正吉水（或取辛庚上三叉水或得横揷水 至庚上到頭或辛上到頭俱謂收山出煞）東北

丑艮寅水仍為吉水因取三八為朋之義（倘得艮上轉角 至寅上為正收）

（盡震氣出盡艮煞 仍是收山出煞之義）南方丙午丁仍是吉水西北戌乾

亥仍是收在外局（將入中元 水收在內局亦可）倘逢轉角一白二黑兩宮

水所忌与（水上同）東南辰巽巳水（將近正煞更 宜遠避切记）

中元四綠當令本宮取実地見辰巽巳水為正煞忌之对宮六白水為生龍
或持角或三叉其餘仍收上元三吉水謂之中元並上元
俱宜近取
三吉者即七八九三宮旺水也坎坤震三宮俱是煞水仍宜遠避之可也
中元五黃運二十年前十年寄巽為當令旺乾水屬
上元後十年寄乾為當令旺巽水屬下元此五運二十
年其中分上下元故名為三元实則止上下兩元耳
收水之法但取四六兩宮旺水為妝其餘仍照上元立局因上元之氣運
極長至下元前十年尚有上元餘之氣以旺之至下元後十年又得上元之
之氣矣下元之氣運名雖六十年總之上元四吉水惟離艮兌乾
其実止四十年耳

之水四凶水即坎巽坤震之水下元反是以坎巽坤震
為四吉以離艮兌乾為四凶
六白當令是中元末念年運本宮水為正煞対宮四綠水為當旺宜近取辰巽巳
轉角水以合乾局北方一白水或由東而西至壬上到頭收清乾氣取一六共宗之義得收山出煞之妙其餘
詭水宜隨機應變因將入下元与上元有相反之道故也
下元前念年七赤當令中念年八白當令末念年九
紫當令以震坤坎為當旺之水兌艮離為當煞
之水宜收实地詭方得旺氣又巽水亦是下元之水從震宮發脈轉南至巽上轉西至

己上為止則離氣清矣

取四九為友之義即收山出煞之妙總之當令者宜收無形之

氣取實地行龍不取水口當令之對宮宜收其水取雌雄交媾

之妙得陰陽配合之理所謂識得陰陽顛倒顛便是大羅仙即此義也下元作法

事事與上元相反細玩之方有心得

論河圖之理

一六共宗　二七同道　三八為朋　四九為友此四句即八卦之理宜讀熟

上中下三元收實地氣正圖

元運收氣正圖

元運以一百八十年為一轉上中下三元分三子配九星上元一白坎二黑坤三碧震中元四綠巽五黃中六白乾下元七赤兑八白艮九紫離收氣得元吉失元凶以有形之水收無形之氣斯為合法矣元中生旺之氣必

元運收水對待圖

收得对宮三叉水局之氣乃真如一白坎之氣屬上元非午水朝入則坎脈何從到穴惟三叉口收定離宮之水離宮水即坎之氣斯真而發福無疑矣別宮同推此青囊中雌雄交媾之妙用天玉經翻天倒地之秘旨也

翻天倒地对不同
其中秘密在玄空

合觀二圖

氣須順看水用倒排

看雌雄法

天玉經云閱天閱地定雌雄富貴此中逢翻天倒地对不同秘密在玄空此二句言收对宫之水也

上元一白令 壬子癸雄 丙午丁雌 二黑令 未坤申雄 丑艮寅雌 三碧令 甲卯乙雄 庚酉辛雌

運中元四綠令 辰巽巳雄 戌乾亥雌 五黃運 中五為雄 戌乾亥雌 辰巽巳雌 六白令 戌乾亥雄 辰巽巳雌

下元七赤令 庚酉辛雄 甲卯乙雌 八白運 丑艮寅雄 未坤申雌 九紫令 丙午丁雄 壬子癸雌

當令者為雄〻者收就取实地〻氣也辨無形〻之〻氣〻者即此法也对宫之失令者為雌〻者宜收水有水方得对宫之旺〻氣能蔽衰

宮之煞氣故說水対待謂之雌雄交媾又謂之陰陽配偶必能旺丁蓋財。水管財祿說管丁向若合元無禍侵又地理廣義篇云有說無水財不聚有水無說丁自空若逐說旺水亦旺可卜丁財俱到宮可知不成配偶者則孤陰不生獨陽不長禍患百端由此來矣

地理千言萬語不過陰陽配偶雌雄交媾而已蔣公所謂一言立曉者此也凡看地先看說平洋以实地為說無說審局至橋梁路壩空間出入之地俱作說論得說然後看水口点穴塲為是

論立向　辨骨子

立向之道端正為貴如南北河壬丙東西河甲庚

骨子已正其地可用或立壬丙向或立甲庚向俱可如壬丙兼子午或子午兼丁癸而不雜他卦其骨子亦正（此但就一卦而言別卦同推）皆是吉地其或壬丙兼巳亥或巳亥兼壬丙其骨子不清非吉壤矣為其夾雜兩卦耳當尋地時細心格准方識骨子既識骨子方知地之可用不可用如可用者然後乘元取旺照局立向不可歪斜蓋正形正坐雖小地亦能發福所出人丁都是端方正直倘立向偏斜便成火耀眾煞交攻瘟癀盜賊

淫亂奸邪勢所必然得元亦猶可失元不救矣

定向一法立南向最吉受陽和之氣東西向次之或有來朝水或有砂案可據無異於南向至于北向須面前有砂案可立否則難免北風之吹不可立

兼向一法最忌兩卦夾雜之處如丙兼巳巳兼丙丁兼未未兼丁是也他卦同此推為其異姓同居非一家骨肉也如在一卦之中則父母兼子息子息兼父母俱可中爻謂父母兩邊旁爻即子息也其所兼之處多至三度若四度則太過矣五度已在兩爻之中謂之歧度地局

巳亥雜矣不可用八宮同推

取旺向一法上元壬子癸三向此係北向世所少用未坤申三向倘遇骨子端正面西立申向面南立未向用之大吉

甲卯乙三向此是東向用之大妙中元四綠中取

辰巽巳戌乾亥六向骨子真正俱可用之下元旺向庚酉辛

丑艮寅　丙午丁總之面前無水宜取旺向有水宜立衰向取來朝之旺水也

上元三旺向

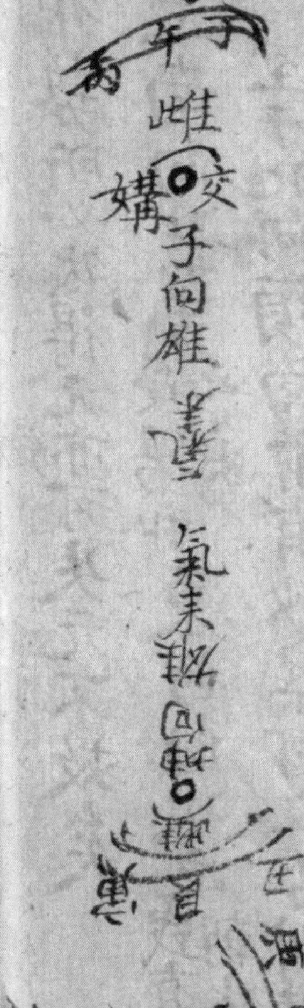

青囊奧語云從外生入名為進定知財寶積如山又云生入尅入名為旺子孫高官盡富貴

論局氣 以有形之水言無形之氣也牢記在心地理錄要第二卷有定卦章内有圖更詳

凡立宅安坟須論局氣局氣得元者旺失元者衰 此皆依水論之 如上元得坎局即謂之得元 上元三旺局如貼近離水立穴謂之坎局 因能收坎之氣到穴也 貼近艮水立穴謂之坤局 能收上元之坤氣也 貼近兌水立穴謂之震局 能收震氣到穴也此不外雌雄交媾之法 中元旺局近巽水為乾局近乾水為巽局○下元三旺局貼近震水為兌局貼近坤水為艮局貼近坎水為離局

上元三旺局

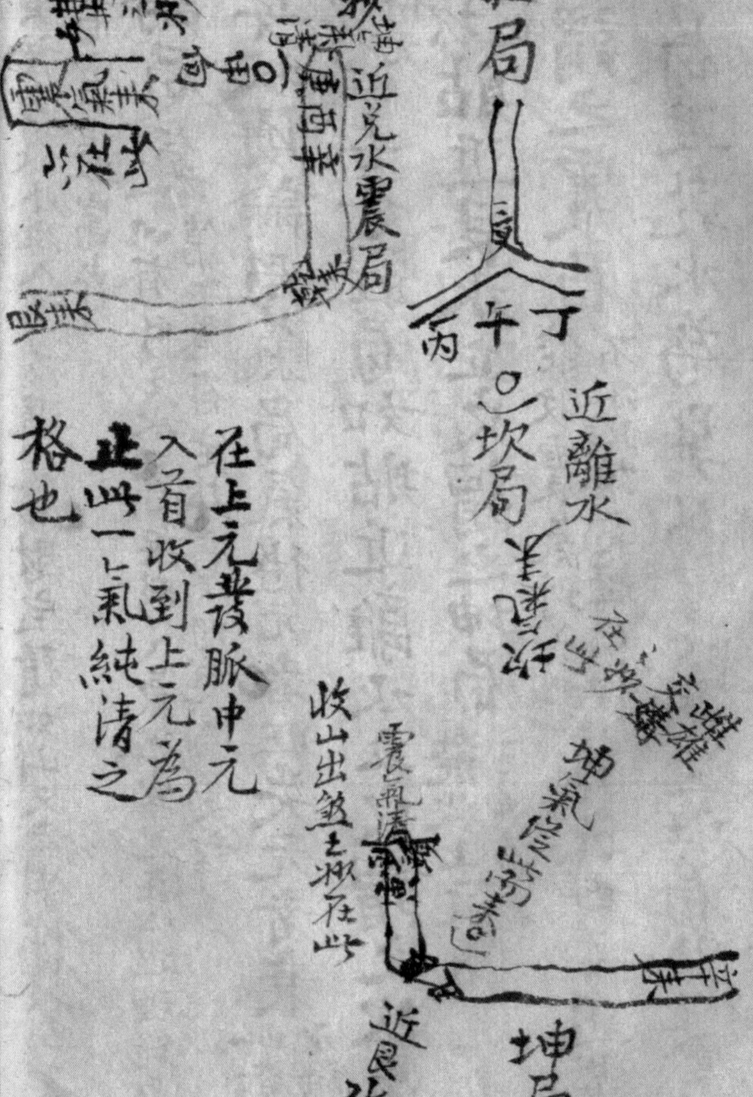

在上元發脈中元入首收到上元為正此一一氣純清之格也

論公位｜即弟兄之房分也兼先後天卦理言之是易經演数　先天主丁　後天主財

震長男居左吉凶管長房　坎中男離中女居中吉凶管二房

兑少女居右吉凶管三房　艮少男居東北吉凶管三房　坤少老母

居西南屬長房及小房　乾老父居西北屬長房及小房　巽長女居

東南管長女

先天八卦

乾主離位居南。離在震位居東。艮兑在巽位乾居西北東。震在艮位居東北

坤在坎位居北。坎在兑位居西。兑在巽位南　巽在坤位居西南

辨逐位陰陽差錯乾坤艮巽主陽寅申巳亥主陰屬長房子午卯酉甲庚壬丙屬中房辰戌丑未主男乙辛丁癸主女屬小房○凡水來雜左是陽差傷男雜右是陰錯傷女八宮同推

都天寶照經云左邊水反長房死離鄉忤逆皆因此右邊水反小房傷風吹婦女隨人走當面水反中切當斷定二房有損傷左右中反房房絕切忌墳塋遭此劫

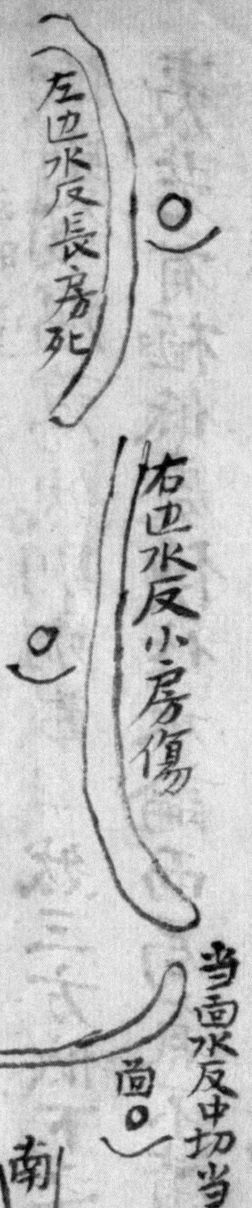

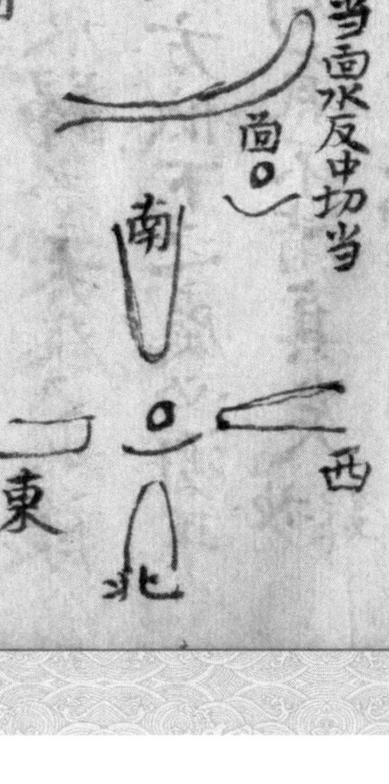

水直若返当面射
中子離鄉死道傍

東西南北水射腰
房房横死絶根苗

看地局高低

山前宜高山後宜低
左右亦宜低平

凡平洋穴後宜低平一步低一步子孫悠久蕃昌壽

孝無涯若穴後有高地或高山重照塋下損丁子孫稀少漸漸高去後嗣必絶　穴之左右亦須低平左低長發右低少發若高則不吉催官篇云青龍高長子貧乏左為青龍白虎高季子消耗右边是白虎季子即小房惟明堂之內穴前謂之明堂宜漸遠漸高為逆水歸堂大發財祿低則傾瀉蕩然則財散矣然三方低下之處必須平夷若有極低處便作水論而局氣不清真矣秘錄

要言子集

原隰章　青囊補註云第三法傳送功曹不高

壓傳送功曹言左右砂也

十字即左右不宜高壓

即前後左右如壬山丙向

即甲庚丙壬四方爲十字宜清脫

第四奇明堂十字有元微明堂

古墓 ○○○

新穴 左○右

高大掩蔽新穴

此山穴右不通風小房絕

新穴 左○右

古墓 ○○○

高大

左邊高大有古墓不通風長房絕

新○穴

古○墓

高大

穴後不通風中房絕

若遠在百步之外不妨

凡穴之左右前後或有高地堆阜民房寺館俱足掩蔽陽光人丁消耗爲十字不清之故耳若遠則不妨

公位式

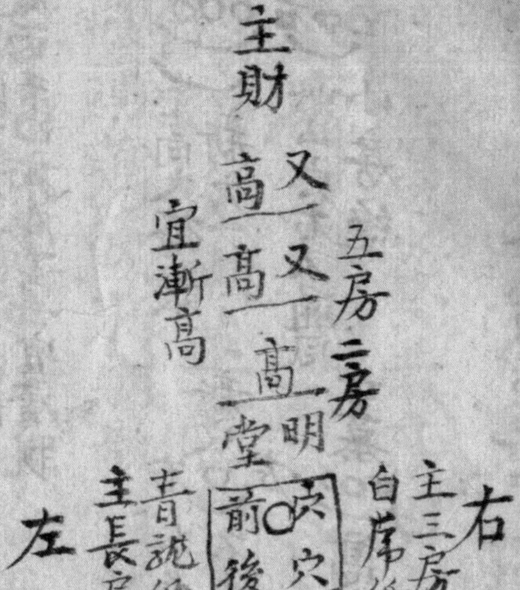
主財
又高
又高
高
明堂
五房
二房
宜漸高
穴
前
後
右
主三房丁
白虎低
左
青龍低
主長房丁
低
又低
又低
二房
五房
宜漸低
天柱主壽

論三吉六秀卦第一
在水上看。天玉經云更看父母下三吉三般卦第一
又云三陽六秀二神當立見入朝堂。三陽丙午丁二神丙丁也餘同

上元三吉水 午艮酉居中爻 六秀水 丙丁 丑寅 庚辛俱在左右兩爻

中元三吉實則二吉 乾中巽在中爻 四秀 戌亥 辰巳在左右兩爻

下元三吉 卯坤子在中爻 六秀 甲乙 未申 壬癸在左右兩爻

天玉云識得零神與正神指日入青雲不識零神與正神代代絕除根

論零神正神 天玉云正神有步始成龍言局氣宜深遠水短便遭凶正神上即水之零神不闊長和短言長短俱好吉凶短者亦凶不同斷言吉凶與正神異

得元生旺之位為正神取龍對宮衰敗之位為零神取水

法當以零神裝在水口上正神妝在龍脈上則煞水到

堂正生氣貫腦此即陰陽交媾之妙而收山出煞之秘也煞水煞字當作旺字解。論氣則為煞方在水則為旺方因水從煞方來故也

論父母子息　論水　天玉云東西父母三般卦算值千金價

卦之中爻為父母左右兩爻為子息八卦皆然楊公重父母而輕子息蓋父母居中易清而不雜子息居邊易雜而難清苟能收清三爻實同功效

論兄弟子孫　論水。天玉云父母排來到子息須去認生尅水上排說点位分兄弟更子孫

如上元丙午丁為旺水統龍之子孫丙丁為統說艮酉為兄弟

丑寅庚辛為兄弟之子孫此在一元之中雖非一父母而總是一家骨肉來路雖多不害其為吉也凶者反是○中下兩元同推

淨陰淨陽論水法青囊序云更有淨陰淨陽法前後八尺不宜雜

幹枝交割宜收得清楚不雜他卦便謂之淨辨淨與不淨尤重在到頭一節前後八尺言穴之前後最近之水到頭第一節是也在三節四節不拘一曲謂之一節

論幹枝

通流大河謂之幹從幹河分出小枝支河謂之枝

尋地須得支河為妙能合元乘旺可用

論五星即金木水火土五形。圓者金形直者木形曲者水形尖者火形方者土形

平洋用金水土三形忌木火二星

火星剪去尖形即成金星

木星開成支河即成土星

此輔相裁成之法

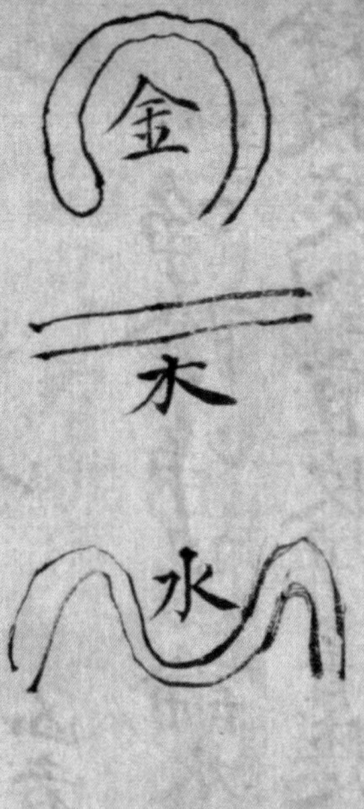

論城門

有水城門旱城門二法俱宜得乘旺氣

都天寶照經 五星一訣非真術城門一訣最為良識得五星城門訣立宅安墳定吉昌○筠松宝照真秘訣父子雖親不肯說○筠松楊益字

城門訣有二（三叉城門是水城門 八國城門是旱城門）圖開下○上元三旺局開明別元同推

上元水城門

青囊云水城門須要會却如湖裏雁交鵞

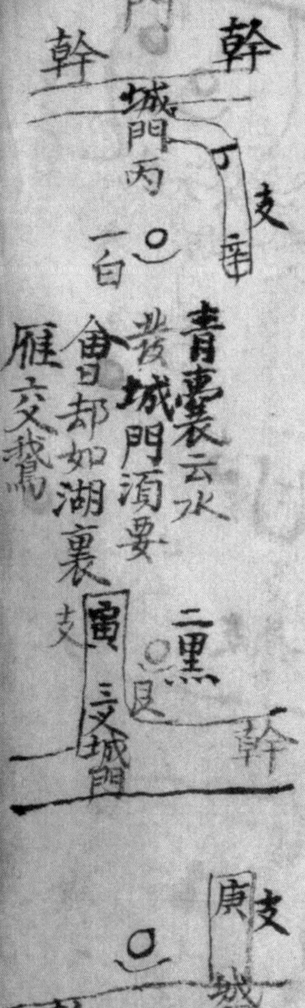

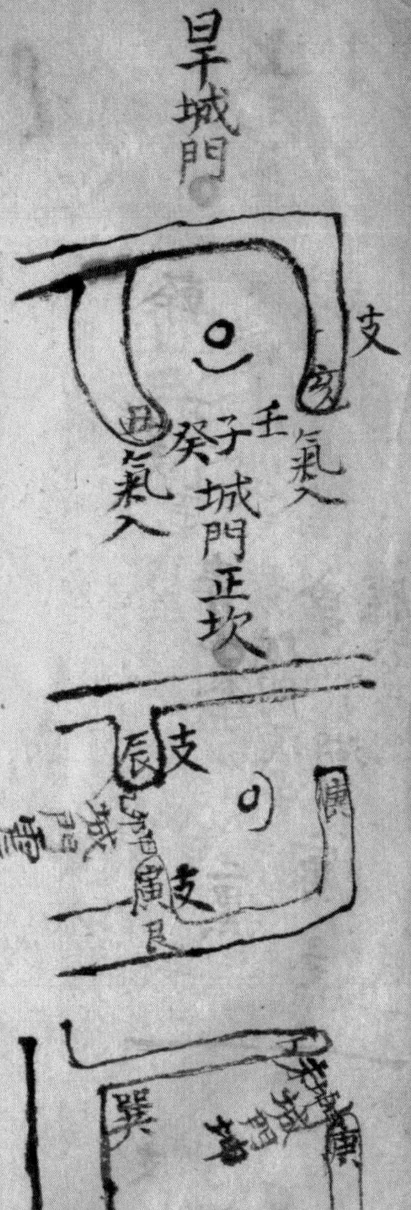

青囊補註云第六秘八國城門鎖正氣○正氣者元中旺氣也八國即八卦也水城門以水之入口處地之缺為城門旱城門以盡頭處水之缺為城門水道城門以実地

鎖之实地城門以水城鎖之一則來情之所由入一則局氣之所由進也（上元宜收坎坤震三宮旱城中元宜收巽乾二旱城下元宜收艮兑離三旱城當与天心十道互看）

論水龍三格　騎龍　挾龍　攀龍

錄要蔣公天元歌第三篇云坐水騎龍為上格（水在穴後兜抱）挾龍倚水亦佳哉（穴或貼近左水或近右水皆謂挾龍）向水攀龍非不美後山有水始無衰（水在穴前朝入謂攀龍縱坐後有水繞抱則吉）歸厚錄坐向章云上格騎龍龍氣蔭腦宮（旺氣從頭上進最妙）中格挾龍脇受

非空氣從腰內攀龍湧泉久久真通湧泉即脚底穴道也言氣從足下入也其氣入亦妙稍緩

立穴之法近前水為攀龍近左右為挾龍近後水為騎龍總不出此三格也

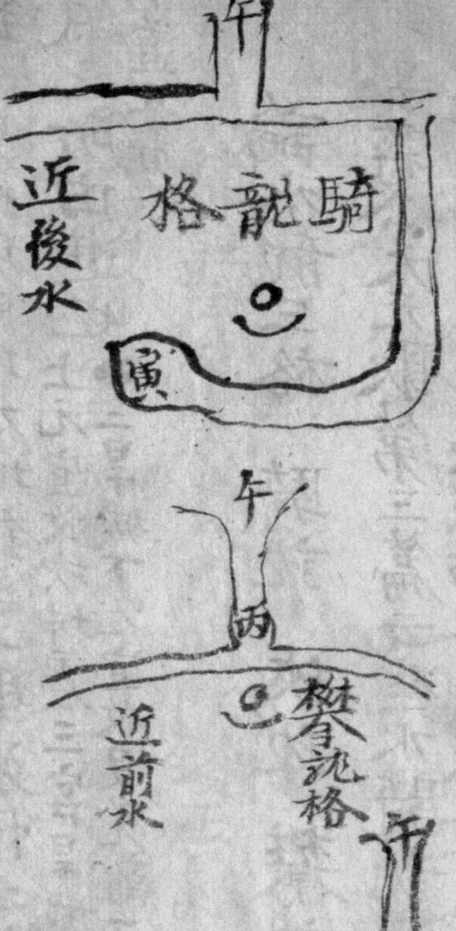

八卦近取諸身 本易經口流神冲破者以此而斷從先天八卦斷之

乾為首 坤為腹 震為足 巽為股 坎為耳

離為目 艮為手 兑為口

八卦遠取諸物 本易經

乾為馬 坤為牛 震為龍 巽為雞 坎為豕

離為雉 艮為狗 兑為羊

九星分屬九竅

貪狼如口。所可入不可出。文曲如耳。所不可出入。武曲右弼如腹。所可入不可出。巨門左輔如鼻。所可出入。廉貞如目。所可出不可入。破軍如大便。所可出不可入。祿存如小便。所可出不可入。此係參仝洪範五行如雜

壬丙乙山屬火。龍大長生在於亥。以亥在丑艮寅之一卦。龍在艮上起

貪狼雜上文。坎上武。順臨九宮。值砂。然之善惡。以斷吉凶也。砂如

臨○字○字臨於○卦○卦臨在○星○吉○凶。餘山依此例而推之

排山掌訣

乾兑艮離

中宮

巽震坤坎

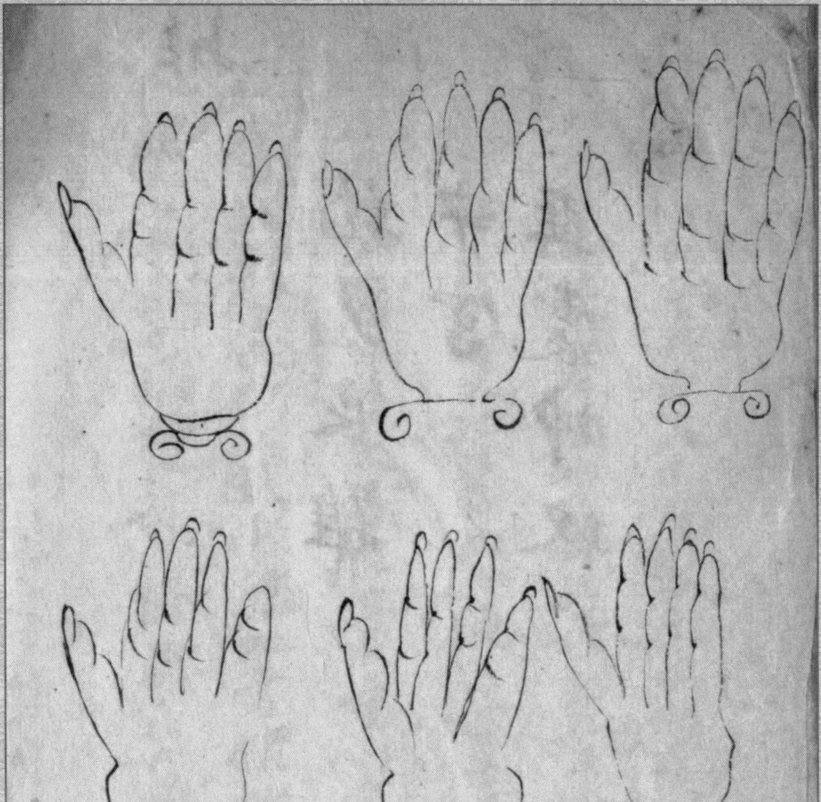

占筮類			
1	擲地金聲搜精秘訣	心一堂編	沈氏研易樓藏稀見易占秘鈔本
2	卜易拆字秘傳百日通	心一堂編	
3	易占陽宅六十四卦秘斷	心一堂編	火珠林占陽宅風水秘鈔本
星命類			
4	斗數宣微	【民國】王裁珊	民初最重要斗數著述之一；未刪改本
5	斗數觀測錄	【民國】王裁珊	失傳民初斗數重要著作
6	《地星會源》《斗數綱要》合刊	心一堂編	失傳的第三種飛星斗數
7	《斗數秘鈔》《紫微斗數之捷徑》合刊	心一堂編	珍稀「紫微斗數」舊鈔秘本
8	斗數演例	心一堂編	
9	紫微斗數全書（清初刻原本）	題【宋】陳希夷	斗數全書本來面目；有別於錯誤極多的坊本
10-12	鐵板神數（清刻足本）——附秘鈔密碼表	題【宋】邵雍	無錯漏原版秘鈔密碼表　首次公開！
13-15	蠢子數纏度	題【宋】邵雍	蠢子數連密碼表打破數百年秘傳　首次公開！
16-19	皇極數	題【宋】邵雍	清鈔孤本附起例及完整密碼表研究神數必讀！
20-21	邵夫子先天神數	題【宋】邵雍	附手鈔密碼表研究神數必讀！
22	八刻分經定數（密碼表）	題【宋】邵雍	皇極數另一版本；附手鈔密碼表
23	新命理探原	【民國】袁樹珊	子平命理必讀教科書！
24-25	袁氏命譜	【民國】袁樹珊	
26	韋氏命學講義	【民國】韋千里	民初二大命理家南袁北韋
27	千里命稿	【民國】韋千里	
28	精選命理約言	【民國】韋千里	北韋之命理經典
29	滴天髓闡微——附李雨田命理初學捷徑	【民國】袁樹珊、李雨田	命理經典未刪改足本
30	段氏白話命學綱要	【民國】段方	民初命理經典最淺白易懂
31	命理用神精華	【民國】王心田	學命理者之寶鏡

心一堂術數古籍珍本叢刊　第一輯書目

32	命學探驪集	【民國】張巢雲	發前人所未發 稀見民初子平命理著作
33	澹園命談	【民國】高澹園	
34	算命一讀通——鴻福齊天	【民國】不空居士、覺先居士合纂	
35	子平玄理	【民國】施惕君	
36	星命風水秘傳百日通	心一堂編	
37	命理大四字金前定	題【晉】鬼谷子王詡	源自元代算命術
38	命理斷語義理源深	心一堂編	稀見清代批命斷語及活套
39－40	文武星案	【明】陸位	失傳四百年《張果星宗》姊妹篇 千多星盤命例　研究命學必備
相術類			
41	新相人學講義	【民國】楊叔和	失傳民初白話文相術書
42	手相學淺說	【民國】黃龍	民初中西結合手相學經典
43	大清相法	心一堂編	重現失傳經典相書
44	相法易知	心一堂編	
45	相法秘傳百日通	心一堂編	
堪輿類			
46	靈城精義箋	【清】沈竹礽	沈氏玄空遺珍 玄空風水必讀
47	地理辨正抉要	【清】沈竹礽	
48	《玄空古義四種通釋》《地理疑義答問》合刊	沈瓞民	
49	《沈氏玄空吹虀室雜存》《玄空捷訣》合刊	【民國】申聽禪	
50	漢鏡齋堪輿小識	【民國】查國珍、沈瓞民	失傳已久的無常派玄空經典
51	堪輿一覽	【清】孫竹田	
52	章仲山挨星秘訣（修定版）	【清】章仲山	章仲山無常派玄空珍秘 門內秘本首次公開
53	臨穴指南	【清】章仲山	
54	章仲山宅案附無常派玄空秘要	心一堂編	沈竹礽等大師尋覓一生末得之珍本！
55	地理辨正補	【清】朱小鶴	玄空六派蘇州派代表作
56	陽宅覺元氏新書	【清】元祝垚	簡易・有效・神驗之玄空陽宅法
57	地學鐵骨秘　附　吳師青藏命理大易數	【民國】吳師青	釋玄空廣東派地學之秘
58－61	四秘全書十二種（清刻原本）	【清】尹一勺	玄空湘楚派經典本來面目 有別於錯誤極多的坊本

62	地理辨正補註 附 元空秘旨 天元五歌 玄空精髓 心法秘訣等數種合刊	【民國】胡仲言	貫通易理、巒頭、三元、三合、天星、中醫
63	地理辨正自解	【清】李思白	公開玄空家「分率尺、工部尺、量天尺」之秘
64	許氏地理辨正釋義	【民國】許錦灝	民國易學名家黃元炳力薦
65	地理辨正天玉經內傳要訣圖解	【清】程懷榮	秘訣一語道破，圖文并茂
66	謝氏地理書	【民國】謝復	玄空體用兼備、深入淺出
67	論山水元運易理斷驗、三元氣運說附紫白訣等五種合刊	【宋】吳景鸞等	失傳古本《玄空秘旨》《紫白訣》
68	星卦奧義圖訣	【清】施安仁	三元玄空門內秘笈 清鈔孤本 過去均為必須守秘不能公開秘密 與今天流行飛星法不同
69	三元地學秘傳	【清】何文源	
70	三元玄空挨星四十八局圖說	心一堂編	
71	三元挨星秘訣仙傳	心一堂編	
72	三元地理正傳	心一堂編	
73	三元天心正運	心一堂編	
74	元空紫白陽宅秘旨	心一堂編	
75	玄空挨星秘圖 附 堪輿指迷	心一堂編	
76	姚氏地理辨正圖說 附 地理九星并挨星真訣全圖 秘傳河圖精義等數種合刊	【清】姚文田等	蓮池心法 玄空六法 門內秘鈔本首次公開
77	元空法鑑批點本——附 法鑑口授訣要、秘傳玄空三鑑奧義匯鈔 合刊	【清】曾懷玉等	
78	元空法鑑心法	【清】曾懷玉等	
79	曾懷玉增批蔣徒傳天玉經補註【新修訂版原（彩）色本】	【清】項木林、曾懷玉	
80	地理學新義	【民國】俞仁宇撰	揭開連城派風水之秘
81	地理辨正揭隱（足本） 附連城派秘鈔口訣	【民國】王邈達	
82	趙連城傳地理秘訣附雪庵和尚字字金	【明】趙連城	
83	趙連城秘傳楊公地理真訣	【明】趙連城	
84	地理法門全書	仗溪子、芝罘子	巒頭風水，內容簡核、深入淺出
85	地理方外別傳	【清】熙齋上人	巒頭形勢、「望氣」「鑑神」
86	地理輯要	【清】余鵬	集地理經典之精要
87	地理秘珍	【清】錫九氏	巒頭、三合天星，圖文並茂
88	《羅經舉要》附《附三合天機秘訣》	【清】賈長吉	清鈔孤本羅經、三合訣法圖解
89－90	嚴陵張九儀增釋地理琢玉斧巒	【清】張九儀	清初三合風水名家張九儀經典清刻原本！

91	地學形勢摘要	心一堂編	形家秘鈔珍本
92	《平洋地理入門》《巒頭圖解》合刊	【清】盧崇台	平洋水法、形家秘本
93	《鑒水極玄經》《秘授水法》合刊	【唐】司馬頭陀、【清】鮑湘襟	千古之秘，不可妄傳匪人
94	平洋地理闡秘	心一堂編	雲間三元平洋形法秘鈔珍本
95	地經圖說	【清】余九皋	形勢理氣、精繪圖文
96	司馬頭陀地鉗	【唐】司馬頭陀	流傳極稀《地鉗》
97	欽天監地理醒世切要辨論	【清】欽天監	公開清代皇室御用風水真本
三式類			
98－99	大六壬尋源二種	【清】張純照	六壬入門、占課指南
100	六壬教科六壬鑰	【民國】蔣問天	由淺入深，首尾悉備
101	壬課總訣	心一堂編	過去術家不外傳的珍稀六壬術秘鈔本
102	六壬秘斷	心一堂編	
103	大六壬類闡	心一堂編	
104	六壬秘笈——韋千里占卜講義	【民國】韋千里	六壬入門必備
105	壬學述古	【民國】曹仁麟	依法占之，「無不神驗」
106	奇門揭要	心一堂編	集「法奇門」、「術奇門」精要
107	奇門行軍要略	【清】劉文瀾	條理清晰、簡明易用
108	奇門大宗直旨	劉毗	天下孤本　首次公開 虛白廬藏本《秘藏遁甲天機》
109	奇門三奇干支神應	馮繼明	
110	奇門仙機	題【漢】張子房	奇門不傳之秘　應驗如神
111	奇門心法秘纂	題【漢】韓信（淮陰侯）	
112	奇門廬中闡秘	題【三國】諸葛武侯註	
選擇類			
113－114	儀度六壬選日要訣	【清】張九儀	清初三合風水名家張九儀擇日秘傳
115	天元選擇辨正	【清】一園主人	釋蔣大鴻天元選擇法
其他類			
116	述卜筮星相學	【民國】袁樹珊	民初二大命理家南袁北韋
117－120	中國歷代卜人傳	【民國】袁樹珊	南袁之術數經典

占筮類			
121	卜易指南(二種)	【清】張孝宜	民國經典，補《增刪卜易》之不足
122	未來先知秘術——文王神課	【民國】張了凡	內容淺白、言簡意賅、條理分明
星命類			
123	人的運氣	汪季高(雙桐館主)	五六十年香港報章專欄結集！
124	命理尋源	【民國】徐樂吾	民國三大子平命理家徐樂吾必讀經典！
125	訂正滴天髓徵義		
126	滴天髓補註 附 子平一得		
127	窮通寶鑑評註 附 增補月談賦 四書子平		
128	古今名人命鑑		
129–130	紫微斗數捷覽(明刊孤本)[原(彩)色本] 附 點校本 (上)(下)	馮一、心一堂術數古籍整理編校小組整理	明刊孤本 首次公開！
131	命學金聲	【民國】黃雲樵	民國名人八字、六壬奇門推命
132	命數叢譚	【民國】張雲溪	子平斗數共通、百多民國名人命例
133	定命錄	【民國】張一蟠	民國名人八十三命例詳細生平
134	《子平命術要訣》《知命篇》合刊	【民國】鄒文耀、【民國】胡仲言撰	《子平命術要訣》科學命理；《知命篇》易理皇極、命理地理、奇門六壬互通
135	科學方式命理學	閻德潤博士	匯通八字、中醫、科學原理！
136	八字提要	韋千里	民國三大子平命理家韋千里必讀經典！
137	子平實驗錄	【民國】孟耐園	作者四十多年經驗 占卜奇靈 名震全國！
138	民國偉人星命錄	【民國】囂囂子	幾乎包括所民初總統及國務總理八字！
139	千里命鈔	韋千里	失傳民初三大命理家-韋千里 代表作
140	斗數命理新篇	張開卷	現代流行的「紫微斗數」內容及形式上深受本書影響
141	哲理電氣命數學——子平部	【民國】彭仕勛	命局按三等九級格局、不同術數互通借用
142	《人鑑——命理存驗・命理擷要》(原版足本)附《林庚白家傳》	【民國】林庚白	傳統子平學修正及革新、大量名人名例
143	《命學苑苑刊——新命》(第一集)附《名造評案》《名造類編》等	【民國】林庚白、張一蟠等撰	史上首個以「唯物史觀」來革新子平命學結集
相術類			
144	中西相人探原	【民國】袁樹珊	按人生百歲，所行部位，分類詳載
145	新相術	【美國】李拉克福原著、【民國】沈有乾編譯	通過觀察人的面相身形、色澤舉止等，得知性情、能力、習慣、優缺點等
146	骨相學	【民國】風萍生編著	結合醫學中生理及心理學，影響近代西、日、中相術深遠
147	人心觀破術 附運命與天稟	【日本】管原如庵、加藤孤雁原著，【民國】唐真如譯	觀破人心、運命與天稟的奧妙

148	《人相學之新研究》《看相偶述》合刊	盧毅安	集中外大成，無不奇驗；影響近代香港相術名著
149	冰鑑集	【民國】碧湖鷗客	各家相法精華、相術捷徑、圖文並茂附名人照片
150	《現代人相百面觀》《相人新法》合刊	【民國】吳道子輯	失傳民初相學經典二種　重現人間！
151	性相論	【民國】余晉龢	民初北平公安局專論相學與犯罪專著（犯罪學生物學派）
152	《相法講義》《相理秘旨》合刊	韋千里、孟瘦梅	命理學大家韋千里經典、傳統相術秘籍精華
153	《掌形哲學》附《世界名人掌形》《小傳》	【民國】余萍客	圖文并茂、附歐美名人掌形圖及生平簡介
154	觀察術	【民國】吳貴長	可補充傳統相術之不足
堪輿類			
155	羅經消納正宗	【明】沈昇撰、【明】史自成、丁孟章合纂	失傳四庫存目珍稀風水古籍
156	風水正原	【清】余天藻	●積德為求地之本，形家必讀！
157	安溪地話（風水正原二集）		●純宗形家，與清代欽天監地理風水主張大致相同
158	《蔣子挨星圖》附《玉鑰匙》	傳【清】蔣大鴻等	竅知無常派章仲山一脈真傳奧秘
159	樓宇寶鑑	吳師青	陽宅風水必讀、現代城市樓宇風水看法改革
160	《香港山脈形勢論》《如何應用日景羅經》合刊		香港風水山脈形勢專著
161	三元真諦稿本——讀地理辨正指南	【民國】王元極	被譽為蔣大鴻、章仲山後第一人 內容直接了當，盡揭三元玄空家之秘
162	三元陽宅萃篇		
163	王元極增批地理冰海　附批點原本地理冰海	【清】高守中　【民國】王元極	
164	地理辨正發微	【清】唐南雅	極之清楚明白，披肝露膽
165-167	增廣沈氏玄空學　附　仲山宅斷秘繪稿本三種、自得齋地理叢說稿鈔本（上）（中）（下）	【清】沈竹礽	玄空必讀經典！附《仲山宅斷》幾種鈔本及批點本，畫龍點晴、披肝露膽，道中刊印本未點破的秘訣
168-169	巒頭指迷（上）（下）	【清】尹貞夫原著、【民國】何廷珊增訂、批注	圖文并茂：龍、砂、穴、水、星辰九十九變 洩漏天機：蔣大鴻、賴布衣挨星秘訣及用法
170-171	三元地理真傳（兩種）（上）（下）	【清】趙文鳴	蔣大鴻嫡派真傳張仲馨一脈二十種家傳秘本、宅墓案例三十八圖，並附天星擇日
172	三元宅墓圖　附　家傳秘冊		
173	宅運撮要	【民國】尤惜陰（演本法師）、榮柏雲	撮三集《宅運新案》之精要
174	章仲山秘傳玄空斷驗筆記　附　章仲山斷宅圖註	【清】章仲山傳、【清】唐鷺亭纂	無常派玄空不外傳秘中秘！二宅實例有斷驗及改造內容
175	汪氏地理辨正發微　附　地理辨正真本	【清】蔣大鴻、姜垚原著、【清】汪云吾發微	蔣大鴻嫡派張仲馨一脈三元理、法、訣具體泄露
176	蔣大鴻家傳歸厚錄汪氏圖解	【清】蔣大鴻、【清】汪云吾圖解	
177	蔣大鴻嫡傳三元地理秘書十一種批注	【清】蔣大鴻原著、【清】汪云吾、【清】劉樂山註	三百年來最佳《地理辨正》註解！石破天驚！

178	《星氣(卦)通義(蔣大鴻秘本四十八局圖并打劫法)》《天驚秘訣》合刊	題【清】蔣大鴻 著	江西興國真傳三元風水秘本
179	蔣大鴻嫡傳天心相宅秘訣全圖附陽宅指南等秘書五種	【清】蔣大鴻編訂、【清】汪云吾、劉樂山註	蔣大鴻徒張仲馨秘傳陽宅風水「教科書」！
180	家傳三元地理秘書十三種		真天宮之秘 千金不易之寶
181	章仲山門內秘傳《堪輿奇書》附《天心正運》	【清】章仲山傳、【清】華湛恩	直洩無常派章仲山玄空風水不傳之秘
182	《挨星金口訣》、《王元極增批補圖七十二葬法訂本》合刊	[民國]王元極	秘中秘——玄空挨星真訣公開！字字千金！
183-184	《家傳三元古今名墓圖集附謝氏水鉗》《蔣氏三元名墓圖集》合刊(上)(下)	(清)孫景堂，劉樂山，張稼夫	蔣大鴻嫡傳風水宅案、幕講師、蔣大鴻、姜垚等名家多個實例，破禁公開！
185-186	《山洋指迷》足本兩種 附《尋龍歌》(上)(下)	【明】周景一	風水巒頭形家必讀《山洋指迷》足本！
187-196	蔣大鴻嫡傳水龍經注解 附 虛白廬藏珍本水龍經四種(1-10)	【清】蔣大鴻編訂、【清】楊臥雲、汪云吾、劉樂山註	蔣大鴻嫡傳一脈授徒秘笈 希世之寶 千年以來，師師相授之秘旨，破禁公開！ 完整了解蔣氏嫡派真傳一脈三元理、法、訣！ 附已知最古《水龍經》鈔本等五種稀見《水龍經》
197	批注地理辨正直解	【清】章仲山	無常派玄空必讀經典未刪改本！
198	《天元五歌闡義》附《元空秘旨》(清刻原本)		
199	心眼指要(清刻原本)		
200	華氏天心正運	【清】華湛恩	
201-202	批注地理辨正再辨直解合編(上)(下)	【清】蔣大鴻原著、【清】姚銘三再註、【清】章仲山直解	失傳姚銘三玄空經典重現人間！名家：沈竹礽、王元極推薦！
203	章仲山注《玄機賦》《元空秘旨》附《口訣中秘訣》《因象求義》等九種合刊	【清】章仲山	近三百年來首次公開！ 章仲山無常派玄空秘密，和盤托出！章仲山注《玄機賦》及章仲山原傳之口訣及筆記
204	章仲山門內真傳《三元九運挨星篇》《運用篇》《挨星定局篇》《口訣篇》等合刊	【清】章仲山、柯遠峰等	
205	章仲山門內真傳《大玄空秘圖訣》《天驚訣》《飛星要訣》《九星斷略》《得益錄》等合刊	【清】章仲山、冬園子等	
206	撼龍經真義	吳師青註	近代香港名家吳師青必讀經典
207	章仲山嫡傳《翻卦挨星圖》《秘鈔元空秘旨》 附《秘鈔天元五歌闡義》	【清】章仲山傳、【清】王介如輯撰	透露章仲山家傳玄空嫡傳學習次弟及關鍵不傳之秘
208	章仲山嫡傳秘鈔《秘圖》《節錄心眼指要》合刊		
209	《談氏三元地理大玄空實驗》附《談養吾秘稿奇門占驗》	【民國】談養吾撰	史上首次公開「無常派」下卦起星等挨星秘密之書
210	《談氏三元地理濟世淺言》附《打開一條生路》		了解談氏入世的易學卦德爻象思想
211-215	《地理辨正集註》附 《六法金鎖秘》《巒頭指迷真詮》《作法雜綴》等(1-5)	【清】尋緣居士	集《地理辨正》一百零八家註解大成精華匯巒頭及蔣氏、六法、無常、湘楚等秘本史上最大篇幅的《地理辨正》註解
216	三元大玄空地理二宅實驗(足本修正版)	【民國】尤惜陰(演本法師)、榮柏雲撰	三元玄空無常派必讀經典足本修正版

217	蔣徒呂相烈傳《幕講度針》附《元空秘斷》《陰陽法竅》《挨星作用》	【清】呂相烈	蔣大鴻門人呂相烈三元秘本三百年來首次破禁公開！
218	挨星撮要（蔣徒呂相烈傳）		
219－221	《沈氏玄空挨星圖》《沈註章仲山宅斷未定稿》《沈氏玄空學（四卷原本）》合刊（上中下）	【清】沈竹礽　等	揭開沈氏玄空挨星五行吉凶斷的變化及不同用法 章仲山宅斷未刪本、沈氏玄空學原本佚文、玄空挨星圖稿鈔本　大公開！
222	地理穿透真傳（虛白廬藏清初刻原本）	【清】張九儀	三合天星家宗師張九儀畢生地學精華結集
223－224	地理元合會通二種（上）（下）	【清】姚炳奎	分發兩家（三元、三合）之秘，會通其用 詳解注羅盤（蔣盤、賴盤）；義理、斷驗俱精
其他類			
225	天運占星學　附　商業周期、股市粹言	吳師青	天星預測股市，神準經典
226	易元會運	馬翰如	《皇極經世》配卦以推演世運與國運
三式類			
227	大六壬指南（清初木刻五卷足本）		六壬學占驗課案必讀經典海內善本
228－229	甲遁真授秘集（批注本）（上）（下）	【清】薛鳳祚	明清皇家欽天監秘傳奇門遁甲 奇門、易經、皇極經世結合經典
230	奇門詮正	【民國】曹仁麟	簡易、明白、實用，無師自通！
231	大六壬探源	【民國】袁樹珊	民初三大命理家袁樹珊研究六壬四十餘年代表作
232	遁甲釋要	【民國】徐昂	推衍遁甲、易學、洛書九宮大義！
233	《六壬卦課》《河洛數釋》《演玄》合刊		疏理六壬、河洛數、太玄隱義！
234	六壬指南（【民國】黃企喬）	【民國】黃企喬	失傳經典　大量實例
選擇類			
235	王元極校補天元選擇辨正	原【清】謝少暉輯、【民國】王元極校補	三元地理天星選日必讀
236	王元極選擇辨真全書　附　秘鈔風水選擇訣	【民國】王元極	王元極天昌館選擇之要旨
237	蔣大鴻嫡傳天星選擇秘書注解三種	【清】蔣大鴻編訂、【清】楊臥雲、汪云吾、劉樂山註	蔣大鴻陰陽二宅天星擇日日課案例！
238	增補選吉探源	【民國】袁樹珊	按表檢查，按圖索驥：簡易、實用！
239	《八風考略》《九宮撰略》《九宮考辨》合刊	沈瓞民	會通沈氏玄空飛星立極、配卦深義
其他類			
240	《中國原子哲學》附《易世》《易命》	馬翰如	國運、世運的推演及預言